α = Ω

Kirj.   Hannu   Kekkonen

Hannu Kekkonen

$$\alpha \ = \ \Omega$$

Kustantaja: BoD – Books on Demand, Helsinki,
Suomi
Valmistaja: BoD – Books on Demand,
Norderstedt, Saksa

978-951-568-484-4

SISÄLLYSLUETTELO:

ALKUSANAT

Tämä teos ei missään mielessä ole tieteellinen. Numerotieto ei välttämättä ole täysin eksaktia, sillä arviot lukumääristä heittelee. Kaiken tarkastaminen ja esille kaivaminen on työlästä eikä tarpeellista. Eikä aika riitä siihen. Suuruusluokka on tärkein, siitä saa käsityksen mistä puhutaan. Tämä on periaate miten kaikki toimii määrätystä näkökulmasta katsottuna. Siihen ei voi soveltaa materiaalista ajattelua. Vaikka vaikutukset ovat materiatasolla. Tämä on näkemys joka on eteeni avautunut. Jokaisella on oma totuus. Kuinkas muuten voi ollakkaan. Jokainen elää niin kuin uskoo ja kokee todeksi. En halua muuttaa väkisin kenenkään todellisuutta. Ainoa mitä toivon on avoin mieli. Sydän heti, jos on aika, tai myöhemmin antaa varmuuden niille asioillle jotka on aika omaksua. Kun uutta tasoa ja universumia rakennetaan niin materia vedetään ylemmältä tasolta alas. Niinkuin aurinko on energiamuunnin ja muuttaa atomitason aineen molekyylitasoiseksi. Tätä ei millään tavalla voi ajaltella tieteelliseltä kannalta että olisi tapahtumaketju minkä voisi todentaa ja todistaa. Tämän voi tuntea vain sydämellä.

Se millainen tästä ilmaisuudeltaan tuli, en sitä etukäteen suunnitellut. Tässä on tietyllä tavalla kertausta mutta asia tuodaan usealta tasolta mietittäväksi. Ensin helpoin materiallinen taso ja seuraavalla kerralla ylemmältä tasolta lisäten enemmän tietoa sekä toisesta näkökulmasta. Nyt jälkeenpäin kun ajattelen jos kaikki olisi yhdestä aiheesta kerrottu kerralla niin ehkä kaikkea ei olisi omaksuttu. Kenties tarinan edetessä alussa luettu olisi voinut unohtua. Kun kaikki liittyy kaikkeen niin se mitä siinä välissä käsitellään auttaa ymmärtämään sen mitä tulee lisää edellä olevaan. Kun jotain asiaa halutaan saada ymmärrettäväksi on otettava esille kaikki mikä siihen liittyy vaikkakin asiaa olisi jo toisessa yhteydessä käsitelty. Ei voi olettaa jos lukijalla ei vielä ole käsitystä kaikenkattavasti että hän osaisi yhdistää kaiken yhdeksi kokonaisuudeksi.

Ensin on ajatus, sitten mietitään miten se toteutetaan kullakin tasolla. Niinkuin tullaan toteamaan kaikki luominen aloitetaan korkeammilta tasoilta alaspäin. Sen takia kehollakin on kehoja tai verhoja kaikilla luoduilla tasoilla. Tämä keho minkä me koemme omaksi saa tietoa kehitystasoa vastaavast kaikilta ylemmiltä tasoilta. Tällä tasolla kahden tapahtuman välistä ketjua mietitään ja todistellaan materia kojeiston lähtökohdista. Koska täällä ajatellaan kaikkea niinkuin koneena. Ilman Jumalaa, henkeä ja näkymättömiä voimia. Tämä tieto ja esitys on kirjoitettu enemmänkin ajatuksen tasolta. Aina on ensin ajatus ja sen jälkeen millaisen halun ja innostuksen ajatus saa merkitsee toteutuuko se vai ei. Milloinkaan mitään halua tai innostusta ei voi olla ilman ajatusta. Kun tämä on kerrottu ajatuksen tasolta niin sen jälkeen on energia taso ja vasta sitten tieteellinen materian taso. Kun täällä kaikki on energiaa ja värähtelyä niin materiataso on energiatason tulkintaa viidellä aistilla.

Tässä universumissa on pyhäkolminaisuus. Isä, poika ja pyhähenki. Isä on elämä, tietoisuus ja ajatustaso. Pyhähenki on energiataso. Poika on lihaksi eli materiaksi tullut energia. Kun tässä puhutaan asioista pääasiassa ajatuksen ja energian tasoilta katsottuna niin niitä ei voida kaikkea selvittää materiatason näkökulmasta.

Mitä sitten jos totuus ajatuksen tasolla on se mitä olen esittänyt. Kuitenkin koemme sen niinkuin koemme ja kaikki on meille totisinta totta tässä ja nyt. Muuten emme olisi täällä. Sitten kun ymmärrämme enemmän ja tiedämme asioiden olevan toisin niin emme ole enää täällä ja kaikki täällä oleva on yhdentekevää. Se eräs unohduksen uni joka tuli katsottua ja koettua.

12.1.2018

Miten kaikki alkaa

Oletko koskaan ajatellut että elämä voisi olla toisenlaista kun olet kuvitellut. Ja mistä on muotoutunut se mikä on sinulle totuus elämästä nyt. Jostainhan sekin on muodostunut sekä tullut sinulle totuudeksi elämästä. Olet omaksunut sen, se on muokkautunut vuosien varrella ja varmaan muuttunutkin tapahtumien ja kolhujen seurauksena. Mutta kuitenkin se on sinun totuutesi ja siitä sinut tunnetaan. Miten sen mukaan käyttäydyt ja asennoidut kanssakäymisiin muiden kanssa.

Et voi kuvitella elämää muunlaiseksi kuin miten sen koet ja näet kotona tapahtuvan ensimmäisinä elinvuosinasi. Aikaisempina vuosisatoina kun asuttiin pienissä kylä yhteisöissä ja vieraita sekä uutisia saatiin kuulla harvoin niin elämä jatkui siellä niinkuin aikaisemmat sukupolvet olivat sen omaksuneet. Muutoksia tapahtui hyvin verkkaiseen tahtiin. Siellä tehtiin asiat niinkuin aina oli tehty. Eikä se johtunut siitä, että millaisia ihmisiä sinne syntyi vaan mihin ympäristöön he oppivat samaistumaan. Sillä ihmiset eivät synny määrätynlaisina vaan he oppivat ja kasvavat ympäristönsä muokkaamiksi. Tietysti on olemassa edellisisistä ns. elämistä tulleet ohjelmat mutta niiden vaikutus on vähäinen elämän alkutaipaleella. Paitsi jos on todella edistynyt sielu joka elää tietoisesti myös henkimaailmassa. Jos synnyt köyhään työläis- tai varakkaaseen yrittäjäperheeseen niin varmaan sinulla on aivan erinlaiset näkemykset elämän todellisuudesta.

Sinulla on kavereita, perheen jäseniä, työkavereita ja muita tuttuja. He kaikki ovat on erinlaisia. Käyttäytyvät eritavalla, uskovat eri asioihin ja tekevät joskus juttuja joita et voi ymmärtää. He toimivat kuitenkin niinkuin kokevat oikeaksi. Ihmisiä on paljon ja tuskin kahta ihan samanlaista löytyy. Samanhenkisiäkin on ja he kerääntyvät toimimaan yhteisten päämäärien hyväksi. Mutta kenen totuus on oikea? Jos kysytään niin varmaan jokaisen oma totuus on se oikea. Eihän niin montaa totuutta voi olla olemassa. Yleensä on yksi totuus, koska eihän voi olla kuin yksi totuus.

Tästä voisi päätellä ettei kellään ole totuutta hallussaan. Kaikki uskovat asioiden olevan niinkuin he ovat sen oivaltaneet. Kaikki siis elävät niinkuin uskovat asioiden olevan ja sen olevat totta, heidän totuutensa. Toisin sanoen elät uskoen sen olevat totuus elämästä minkä luulet totuudeksi. Jotkut elävät vielä erikseen uskossa. Heille opetetaan sen mukaan kenen porukassa olet mikä on totuus ja kuinka sinun on elettävä. Heillä on yleensä raamattu mistä totuus ammennetaan. Samaa raamattua lukee monta uskontokuntaa tulkiten sitä erilailla ja kaikki ovat mielestään oikeassa. Kun mennään arabimaihin ja itäänpäin maapallolla kirjoja ja tulkintoja tulee aika paljon lisää.

Tiedemiehet tutkivat ja selittävät totuuksia omalta osaltaan. Monelle tieteen tulokset ja tiedemiesten huomiot edustavat suurta totuutta asioista mitä itse ei voi havannoida. Ketä sitten uskot ja minkä takia. Tietysti yleinen mielipide ja media saavat paljon huomiota. Kaverit, perheenjäsenet, läheiset ja muut vaikutusvaltaiset lähteet muovaavat todellisuutta. Jokainen haluaa kuulua johonkin kaveriporukkaan, ryhmään tai liikkeeseen. Ihmiselle on tärkeää tuntea olevansa olla hyväksytty. Kukaan ei halua jäädä yksin. Silloin tämän porukan ryhmän näkemykset hyväksytään sillä halutaan olla samanlailla ajatteleva. Vaikea se on olla mukana jos ajatukset paljon poikkeavat muiden vastaavista. Samalla kun omaksut ja edustat jonkin liikkeen ajatuksia niin luovutat oman päätäntä vallan ja vastuun jollekkin toiselle. Jos murros iässä ajautuu huonoon seuraan maailma voi näyttää kovin erinlaiselta kuin sen pitäisi.

Kuitenkin kun synnyt tänne olet kuin tyhjä astia. Sinussa on ainoastaan ne asiat jotka olet kokenut äitisi mahassa ollessasi. Jos olet kokenut harmoonisia energia värähtelyjä ja rakkauden tunteita raskauden aikana olet mitä luultavimmin helppo ja hyvän tuulinen vauva. On paljon helpompaa aloittaa tämä maallinen elämä jos kokee olevansa rakastettu, odotettu ja toivottu. Ja vaihtoehtoisesti jos koet negatiivisiä värähtelyjä, riitelyä. ei toivottuna olemista, äidin ei toivottua käytöstä niin ei vauva voi olla kovin harmooninen. Koska ne ovat ainoat asiat mitä olet siihen mennessä oppinut. Toistat vain sitä minkä olet kokenut, oppinut ja luulet, että näin täällä pitää elää.

Siinä vaiheessa kun putkahdat ulos tähän maailmaan sinulla ei ole mitään käsitystä minkälainen elämä tässä todellisuudessa on. Ihmetellään miksi meidän lapsi on niin kärttyisä ja hankala. Mutta jos tuleva ihmisen alku ei ole tähän mennessä kokenut kuin sen raskaus ajan negatiiviset energiat ajoittaisetkin ei toivottuna olemisen tunteet ja kenties äidin vain omiin nautintoihin keskittyvät epäterveet elintavat eikä tulevan lapsen parasta ajatellen niin eihän hän tiedä minkään muunlaisen elämän ja käyttäymismallin olemassa olosta.

Kun synnymme tänne meillä kaikilla on samanlainen perusohjelmointi mikä takaa hengissä selviytymisen.

Normaalissa tapauksissa meillä kaikilla on samanlaiset mahdollisuudet menestyä tai olla menestymättä. Erikseen on ne jotka ovat jo valinneet syntyvänsä tänne vammaisina johten edellisten elämien seurauksista ja niiden sovittamisesta.

Oletetaan vauvalla olevan vaikea tai helppo luonne, mutta näin ei ole. Koska hän ei saa minkäänlaista prosessoitua palautetta tilanteesta ainoa tiedonsiirto suunta on alitajuntaan joka taltioi kaiken. Tästä alkaa oman todellisuuden rakentaminen mistä edellä oli puhetta. Mitä myös egoksi kutsutaan

EGON MUODOSTUMINEN

Ihmisen ajatellaan olevan täysin itsenäinen yksikkö irti kaikesta yhteisestä ja ettei hän vaikuta ympäristöönsa muuten kuin tekojensa kautta. Mikään ei voisi olla kauempana totuudesta. Ajatellaanpa kuka sinä olet ja missä sinä olet? Missä vaiheessa hedelmöityksen jälkeen aloit olla sinä.Saitko sen mitä koet olevasi isältäsi vai äidiltäsi. Vai vähän molemmilta. Jos sait jotain isältäsi tai äidiltäsi niin mistä osasta nämä luopuivat. Kehittyikö sinusta ihan oma itsesi hedelmöityksen yhteydesssä? Loiko kenties Jumala sinut?

Sitten toinen kysymys. Missä sinä sijaitset, aivoissa, pään seudulla yleensä vai sydämessä vaiko jossain muualla? Ego on myös se joksi sinua kutsutaan. Sinut tunnetaan siitä miten käyttäydyt ja reagoit erinlaisiin tilanteisiin ja tapahtumiin. Samanlainen tapahtuma aiheuttaa eri ihmisissä hyvin erinlaisia reagointeja.

Se, miten reagoit asioihin nyt on monien eri asioiden summa. Se alkoi kun vielä olit äitisi vatsassa. Noin puolessa välissä raskausaikaa olit tarpeeksi kehittynyt aloittaaksesi tallennuksen. Koska tulet tähän maailmaan tietämättä mistään mitään, kuinka täällä pitää toimia, niin luonto on järjestänyt siihen tilaisuuden. Kuusi ensimmäistä vuotta tallennat kaikki mitä havaitset ympärilläsi. Jakson pituus on seitsemän vuotta mutta kuudessa vuodessa on suurinpiirtein tallennus valmis. Sinulla on suuri määrä asioita jotka sinun pitää omaksua voidaksesi itsenäistyä ja selvitä omin neuvoin myöhemmin elämässä. Oma perhe, erityisesti äiti ja isä ovat suuressa roolissa millainen sinusta tulee. Sillä jo raskauden aikana sitoudut etenkin tietysti äitiisi, mutta tiedostat myös isäsi äänen synnyttyäsi ja tunnistat heti kuka on isäsi. Syntymästä alkaa opiskelu tämän maailman ihmeisiin. Vauvana kun eteen tulee uusia asioita haet vastauksia vanhemmiltasi, kumpi nyt sattuu olemaan paikalla katsomalla kasvoihin silmien seudulle ja voit lukea miten kyseiseen asiaan pitää suhtautua. Siinä vaiheessa sinulla ei ole sanallista kommunikointia vaan tulkitset suoraan energioista ja kasvon ilmeistä sekä kehon kielestä miten asiat ovat. Sen takia on aivan sama mitä sinulle vakuutetaan asioiden olevan kun energian ja kehonkieli kertovat totuuden. Tämä sama jatkuu pitkälle lapsuuteen. Vaikka olet jo oppinut puhumaan ja kommunikoimaan sanallisesti niin silti tallennat muistiisi ja ymmärrät energioiden avulla miten asiat todellisuudessa ovat.

Alitajunta on paikka mihin tallennat kaiken tämän tiedon. Se on isoin osa avoistasi ja sijaitsee takaraivossa. Tästä talennuksesta alkaa muotoutua sinun tarinasi. Alitajunta on kuin kasettinauhuri, joka nauhoittaa kaiken niinkuin asiat ilmenevät sinulle. Tämän mahdollistaa aivojen toiminen delta taajuudella 0,5-4 Hz 0-2 ikävuoteen asti mikä vastaa hypnoosissa käytettävää tilaa. Ja 2-6 ikävuoteen tulee mukaan theta tajuus 4-8 Hz mikä on sama kuin mielikuvitus.

Sinulla on paljon tallennettavaa ja opittavaa. Siinä kuudessa vuodessa sinun pitäisi oppia kaikki se tieto jonka tulet elämäsi aikana tarvitsemaan. Vaikka olet ennenkin elänyt täällä, kuitenkin keho johon asetut on uusi. Keholla ei ole kokemuksia aikaisemmista elämistä ne ovat sinun ikuisen itsesi muisti kansiossa ja nähtäväksi jää kuinka paljon pystyt niitä hyödyntämään tässä elämässäsi. Muistisi ei sijaitse kehossasi vaan ne on tallennettuna meitä ympäröimään energiaan. Tästä ettei muisti sijaitse kehossa näin telkkarista ohjelman jonka nimi oli kuolemanraja kokemuksia. Siinä oli yksi tapaus , henkilö jolla oli kasvain aivojen alaosassa keskellä siellä missä kaikki hermoradat liittyy aivoihin. Tämä on parhaimpia tilastoituja tapauksia. Kasvain sijaitsi niin pahassa paikkassa että sydän piti pysäyttää ja veret laskea pois eli kaikki elintoiminnot lakkauttaa. Kuitenkin tämän toimenpiteen aikana potilas katseli leikkausta ja teki havaintoja jotka eivät olisi olleet mahdollisia muuta kuin leikkauksessa paikalla olleille. Leikkauksessa käytettiin erikoisia välineitä ja potilas pystyi nimeämään ne kuvailemaan miltä ne näyttivät ja kuinka niitä käytettiin. Leikkauksessa mukana olleet lääkärit olivat sitä mieltä ettei kukaan joka ei ollut mukana leikkauksessa pystyisi samaan. Tästä voisi vetää sen johtopäätöksen ettei muisti sijaitse kehossa. Aivot on kuin tietokoneen käyttömuisti. Kun avaat koneen se lataa tarvittavat käyttöohjelmat ja kun tarvitset jotain tietoa tai muistoa niin se hakee sen pilvestä. Tässä elämässä ei ole mitään uutta ja keksittyä kaikki on ja on ollut olemassa. Kaikki tulevat ns. keksinnöt ovat jo olemassa. Ihminen ei voi edes kuvitella sellaista mitä ei ole olemassa ja kääntäen kaikki mitä pystyt kuvittelemaan on olemassa ja toteuttavissa.

Kaikki se mitä esim. ns. scifi elokuvissa pidetään mahdottomana on varmasti jonain päivänä mahdollista. Matkat toisiin aurinkokuntiin, lentävät autot, kehon siirtäminen paikasta ja ajasta toiseen jne muuta mitä niihin nyt sisältyy.

Sinun tarinasi

Sinusta rakentuu tarina johon uskot ja samaistut. Siihen vaikuttaa kaikki mitä koet, kuulet, näet ja mitä toiset kertovat sinulle. Olet kaunis tai ruma, viisas tai tyhmä, menestyvä tai luuseri jne . Ja se tarina rakentuu vanhemmistasi, isovanhemmistasi ja läheisistäsi, joiden kanssa olet tekemisissä. Elät siis tavallaan vanhempiesi ja isovanhempiesi elämää. Sinun vanhempasi ovat omaksuneet asenteensa ja totuutensa vanhemmiltaan. Niin seuraava sukupolvi toistaa edellisten sukupolvien virheet. Jeesus sanoi aikanaan, että isien synnit periytyvät aina seitsemänteen sukupolveen. Sillä niin kauan kestää toistaa samoja virheitä ennenkuin niiden tilalle tulee uusia. Ennen

16

vanhaan elettiin pienissä ryhmissä tai perheissä eikä naapureitakaan välttämättä ollut lähistöllä. Niin mitä muuta siinä voi lapsi oppia kuin sen minkä näkee ja kokee ympärillään. Kun minkäänlaista tiedonvälitystä ei ollut, niin ulkomaailmasta kuultiin uutisia hyvin harvoin.

Nykyään kun tietoa tulee radiosta, televisiosta, netistä, ihmiset matkustelee ja jakavat näkemästään sekä kokemastaan tietoa. Nyt puhutaan enää kahdesta tai kolmesta sukupolvesta kun käytösmallit ja asenteet periytyvät. Kuitenkin kaiken tulevan tarinasi perusta luodaan kuutena ensimmäisenä vuotena ja silloin olet paljon kodin vaikutus- piirissä. Nykyään kun lapset viedään tarhaan jo pienenä, se vaikuttaa ja tulee vaikuttamaan paljon ihmisten kehitykseen. Vaikutukset nähdään jo nyt. Suuresta osasta tulee juurettomia ja turhautuneita, kun he eivät tunne kuuluvansa mihinkään. He ovat juurettomia. Tutkimuksissa on todettu vaikka asiat olisivat päällisin puolin hyvin, on varallisuutta ruokaa ja mahdollisuuksia mutta rakkaus puuttuu niin siitä seuraa vakavia vinoutumia persoonallisuuteen. Vaikka on puutetta, nälkääkin, mutta perhe on yhtenäinen,vanhemmat rakastavia, huolehtivaisia ja antavat turvallisuutta niin lapsista tulee tasapainoisia. Tarhassa harvoin lapset saavat rakkautta. Tarhatädeille se on työpaikka ja jos työilmapiirissä on jännitteitä ja ryhmäkoot ovat suuret niin minkä luulet olevan lopputulos. Jos nyt kysyt itseltäsi niin luuletko että lapset saavat siellä todellista rakkautta. Ja kuitenkin pienet ihmisen alut ovat siellä suurimman osan päivää. Illalla vanhemmat ovat työstä väsyneitä ja osa illasta ollaan vielä kavereiden kanssa. Missä välissä keritään viettää todellista rauhaisaa perheelämää.

Kuitenkin tämä on tärkeää. Sinun tarinasi ja totuutesi perusta valetaan noina esimmäisinä vuosina. Kun sitten tämä suora tallennus loppuu ja aivosi siirtyvät toimimaan alfa taajuudella ja alitajunta sulkeutuu sen jälkeen näitä ohjelmia on vaikea muuttaa. Toki se on mahdollista, mutta hankalampaa.

Geeni teknologiaa

Kuten aiemmin sanoin niin tästä edellä kuvatusta rakentuu tarina johon uskot ja alat elää elämääsi sen tarinan mukaisesti. Sinulle muodostuu muistoja ja tarinan ohella muistot täydentävät sen mitä uskot tällä hetkellä olevasi. Tämä tarinasi ohjaa kehoasi ja sen toimintoja. Se miten reagoit ulkoisiin ärsykkeisiin ja vastaanottoon joita aistisi sinulle välittävät. Nyt on välillä puhuttava mitä sinä olet ja et ole. Sinulla on keho mutta sinä et ole keho. Hedelmöityksessä sinun kehosi saa alkunsa. Saat puolet kromosomeista molemmilta vanhemmiltasi. Kromosomit sisältää perimän ja geenit, joilla kehosi rakennus alkaa. Se sisältää 25000 geeniä, jotka alkavat syntyvistä soluista rakentamaan kehoasi. Kaikki elimet ja elämiseen tarvittavat kehittyvät tietyssä järjestyksessä. Solut ovat toisiinsa yhteydessä ja tarkkailevat toisiaan sekä kehon rakennuksen edistymistä suunnitelman mukaisesti.

Mielestäni on tässä vaiheessa tehtävä selväksi, että elämä jakaantuu kahteen osaan. Materiaan ja henkiseen. En voi kuvitella elämän järjellisyyttä jos unohdetaan tai kielletään hengen olemassaolo. Keho edustaan materiaa ja tällä tasolla olevaa atomistaolemista. Henki on se, joka ohjaa tätä materiaa ja materian tasolla toimivaa kehoa. Perimässä saadaan noin 25000 geeniä ja kuitenkin ihmisen rakentamiseen tarvitaan 150000 geeniä, mistä tulevat puuttuvat yli 100000?

Kun kehon rakennus lähtee käyntiin yhdestä munasolusta ja minkä rakennustyön se käy läpi, niin on mahdotonta kuvitella lopputulosta ilman todella älykkään valvovan tahon mukana oloa. Tietoisuus on se, joka ohjaa rakennustyötä antaa keholle muodon ja pitää sen kasassa. Tietoisuus on ikuisen itsen tai sen osan alaisuudessa toimiva kokonaisuus tätä meneillään olevaa elämää varten. Siinä on kasattuna tavoitteet ja puitteet tämän elämän kokemista varten. Mieli ohjaa kehoa. Keho on oma kokonaisuus. Siinä on ohjelmat kehon pitämiseen hengissä ja lisääntymään ettei elämän ketju katkea. Keho on tunteesta ohjautuva kemiallinen ja proteenia tuottava yksikkö. Jos tunnemme kielteisiä ikäviä asioita, niin samalla hetkellä aivot erittävät kemikaaleja jotka saavat kehomme tuntemaan samoin. Ja jos koemme miellyttäviä positiivisä asioita, aivot erittävät hyvää oloa tuovia kemikaaleja. Soluissa geenit tuottavat proteiinejä, jotka antavat kehollemme rakenteen, toiminnan ja liikkeen. Kun katsot itseäsi peilistä luulet näkeväsi itsesi ja niinhän tietysti näetkin kun olet omaksunut kehon osaksi itseäsi. Saat jatkuvaasti tietoa ja tuntemuksia aistiesi välityksellä. Tuntoaisti välittää mitä tunnet jaloillasi. Samoin kädet mihin niillä kosketat tunnet kovaa, pehmeää, kylmää tai lämmintä. Samoin haju ja makuaistit välittävät tuntemuksesi aivoille ja sinusta tuntuu kuin sinä kokisit ne.

Solut mukana

Mutta kuitenkin kun katsot peiliin siinä on 50 000 000 000 000 solua, jotka muodostavat kehosi ja elävät omaa elämäänsä. Tekevät tehtävät, mitä varten ne ovat syntyneet. Soluilla on kaikki samat toiminnot kuin sinulla on kehossasi. Ne hengittävät, käyttävät ravintoa, niillä on hermosto,tunteet jne sekä tuma, jota on sanottu solujen aivoksi. Tuman tehtävä on kuitenkin solun lisääntyminen. Muuten aivosi ohjaavat solujen toimintaa. Solut elävät omaa elemäänsä ja aivosi ovat niiden hallitsija tai voisiko sanoa Jumala. Sillä aivot antavat soluille elämän, tehtävän ja tarkoituksen. Jos aivot lakkaavat toimimasta niin solutkin kuolevat. Sillä vaikka solulta poistetaan tuma, niin silti se jatkaa tehtäväänsä niinkuin ennenkin, mutta lisääntyä se ei voi. Jos laajennamme tätä niin, samoin kun solut tekevät tehtävänsä ja kaikkensa kehosi eteen että se toimisi parhaalla mahdollisella tavalla, niin sinä olet osa maapallon kehoa. Sillä maapallo antaa sinulle elämän. Ilman maapalloa sinua ei olisi olemassa ja se antaa sinulle ravinnon. Maapallo on osa aurinkokuntaa sillä aurinko antaa kaiken energian mitä luonto tarvitsee ja aurinkokunta on osa linnunrataa. Sillä tavalla elämän ketju laajenee ja kaikki on riippuvaisia toisistaan ja ovat yhtä ja samaa energiaa joka aikojen alussa oli herneen kokoisessa pallossa.

Yleensä soluilla on oma määräysvaltansa, mutta elimien kohdalla muut luovuttavat sen yhdelle johtaja solulle joka on vastuussa sen toiminnasta. Solut siis muodostavat sinun kehosi ja koska ne yleensä toimivat itsenäisesti niin voidaan sanoa ettet ole solusi vaan ihon sisällä toimivan solu yhteisön kokonaisuus.

Solut valmistavat proteiineja mikä antaa keholle rakenteen, toiminnan ja liikkeen. Ne tarvitsevat ohjauksen eli signaalin mikä voi olla kemiallinen tai energia ohjaus. Kemiallinen on myös energiaa vaikka se on materia muodossa. Solulla on vain kaksi toimintaa, ilman signaalia se on kiinni ja signaalin ilmestyessä se on auki ja tekee tehtävänsä. Signaalin luonteesta riippuu minkä geenin se tarvitsee ja minkälaisen proteiinin se valmistaa, näin solu toimii. Proteniissä on kuin selkäranka joka taipuu eri asentoihin ohjauksen mukaan ja antaa solulle liikkeen. Tämän selkärangan muodon ja toiminnan ratkaisee aminohapot. On olemassa 20 erinlaista aminohappoa. Eli on 20 erilaista toimintaa riippuen kuinka pitkä on aminohappojen ketju ja kuinka eri aminohapot ovat järjestäytyneet tähän ketjuun. Proteiinit ovat kuin hammaspyöriä jotka muodostavat koneiston mikä saa kehon toimimaan ja liikkeeseen. Esimerkiksi lihaksessa on soluja, jotka saavat lihaksen supistumaan tai laajenemaan.

Tässä tulee puhuttua aika paljon soluista, mutta se on tärkeää ymmärtää koska elämä on liikettä. Ilman liikettä ei ole elämää ja proteiinit solussa mahdollistavat liikkeen eli proteiinit mahdollistavat elämän.

Ja elämisen harha muodostuu siitä että samaistumme kehoon ja luulemme olevamme erillinen kaikesta. Uskomme olevamme ajatteleva, täysin kaikesta riippumaton keho. Luulemme olevamme sitä, mitä ajattelemme ja tunnemme olevamme täysin oma ja erillinen yksikkö. Ja kuitenkin ensinnäkin olemme täynnä soluja, joilla on oma elämä ja samat toiminnot kuin sinun kehossasi. Kuinka voit luulla olevasi ajatteleva keho kun solusi tekevät työtään kehosi hyväksi taaten sen toiminnan parhaalla mahdollisella tavalla. Kun solulla on kaksi tehtävää olla auki tai kiinni niin missä välissä ja mitkä solut tekevät ajatustyön. Vastaus voisi olla tietysti aivosolut, mutta nekin ovat vain soluja samanlaisia kuin muutkin.

Solut ja kemia

Solut ovat kyllä mukana antamassa sen kuvan että olisit kehosi. Saat ajatuksen ja se johtaa tunteeseen, joka aivojen välityksellä laukaisee kemikaaleja riippuen onko tunne positiivinen tai negatiivinen. Jos tunne on positiivinen, vapautuva kemikaali saa solut tuntemaan kyseisen asian hyväksi ja lähettävät palautetta aivoille hyvän olon tunteesta. Kun aivosi saavat tämän palautteen mikä viestii hyvää oloa niin se vahvistaa sitä reaktiota minkä aivosi ajatuksesta saivat. Kun aivosi saavat palautteen kehosi soluilta se vahvistaa oletusta että kehosi on osa sinua. Tämä järjestely ei olekkaan sitä varten että solut vahvistaisivat ajatuksesi, se on yksinkertaisesti sitä varten että solut ilmoittavat minkälaiset työskentelyolosuhteen niillä on. Silloin kun tulee hyvänolon tuottavia kemikaaleja solut ovat tyytyväisiä ja tekevät työnsä mielellään. Ne ovat auki ja rakenteellisesti kasvuun tavoittelevia. Solut rakastavat sitä, että olet iloinen, kiitollinen ja rakkauden täyteinen.

Jos koet negatiivisia tunteita niin ne lähettävät palautetta huonosta olosta ja odottavat sinun korjaavan tilanteen. Kun tällaisessa tilanteessa pitäisi työskennellä ja myrkkyä sataa niskaan, ne sulkevat itsensä ja käpertyvät kokoon. Koska sinä olet solujen hallitsija ja luot niiden työskentely- ja elinolosuhteet niin hyvänä hallitsijana sinun tulisi tuntea vastuusi ja järjestää niille hyvät olosuhteet. Tarkoitus on, että sinä koet elämisen omassa kehossasi iloiten ja terveellisesti sekä kiitollisena elämän lahjasta. Odotat elämän tuovan koettavaksesi hyviä positiivisia asioita. Luotat täydellisesti elämään ja siihen, että kaikki järjestyy niinkuin on tarkoitus ja on hyväksi sinulle. Niin silloin olet hyvä hallitsija ja solusi voivat hyvin ja olet kasvun tiellä.

Kehon toiminta

Keho on rakennettu niin, että se ei voi sairastua. Siinä kaikki toimii niin kuin pitääkin. Kaikki on suunniteltu kestämään elinikäsi. Eihän voi olla niin että, luojasi on säästellyt kustannuksissa ja rakentanut joitakin elimiä niin ettei ne kestäisi koko ikäsi. Kaikki kehon elämää ylläpitävät toiminnot ovat automaattisia eikä sinun ei tarvitse niihin puuttua. Sinulla on täysi vapaus nauttia elämästä surematta muistatko hengittää, pumppaako sydän tarpeeksi verta jne. Kaikki elintoiminnot lämmön säätelystä ravinnon ja ravinteiden jakeluun hoituvat kunhan vain vähän katsot mitä panet suuhusi. Keho on siis suunniteltu toimimaan ilman että sinun täytyy miettiä miten kaikki onnistuu. Etkä voi näihin toimintoihin kauhean helposti vaikuttaakaan vaikka haluaisitkin. Tarvitaan pitkä aikaista painostusta tai tosi kova äkillinen shokki muutoksien ilmenemiseksi.

Sairastuminen ja stressi

Tästä tullaan sitten siihen kuinka kaikesta huolimatta onnistutaan sairastumaan. Kuten muistamme solun toimintaan vaikuttaa proteiinin valmistus ja signaali joka ohjaa geenin ja proteiinin toimintaa. Jos tämä signaali on pitkän aikaa negatiivisten tunnetilojen aivojen vapauttaman kemikaalin ns. myrkkyainetta, niin solu kyllästyy toimimaan sellaisisa oloissa ja lähettää ensin aivolle palautetta ettei kaikki ole niin kuin pitäisi. Jos tilanne jatkuu niin lähetetään kivun tunnetta ja jos silloinkaan ei mitään tapahdu, niin solu sairastuu ja sillä tavalla pakottaa hoitamaan tilanteen kuntoon. Sairaus ei ole mikään rangaistus eikä epäonni, vaan solun viimeinen keino pelastaa keho ettei tilanne mene niin pahaksi mikä uhkaa elämän jatkumista.

Stressi on pelkotila, silloin keho toimii ylikierroksilla varautuen kaikkiin mahdollisiin tilanteisiin jotka uhkaavat elämän jatkumista. Stressi on kaikkien sairauksien aiheuttaja. Sillä stressiin luetaan kaikki mitkä aiheuttavat kielteisiä tunteita. Kateus, pahansuopaisuus, ilkeys, mustasukkaisuus, kostonhimo jne.Yleensä stressiin liitetään työperäiset ja kiireen aiheuttamat tunnetilat. Mutta siihen kuuluu myös kaikki huolta aiheuttavat tunnetilat, nykyään suureltaosin rahan aihettumat. Siis ihan kaikki mikä on negatiivista aiheuttaa sen että solun saavat pahaa oloa tuottavaa kemikaalia. Solu sulkeutuu ja käpertyy ja eihän se voi ikuisuuksia olla tällaisessa tilassa koska sen lisääntyminen estyy. Soluja kuolee miljoonia joka sekuntti ja uusia tulee ja pitää tulla tilalle. Jos solun uusiutuminen on estynyt sen takia, että se on sulkeutunut niin kuolevien tilalle ei tule uusia.

Määrätynlaiset huolet aiheuttaa aina samanlaisen vaikutuksen kaikilla ihmisillä. Esim rahahuolet aiheuttavat oireita alaselkään. Miksi on näin siitä myöhemmin. Jos ajatellaan jollain elimellä olevan 10 miljoonaa solua ja miljoona solua ei kuoltuaan enää korvaudu niin kyllä elin on varmaan vajaatoiminen kun suuri osa työntekijöistä puuttuu.Siloin voidaan sanoa elimen ja kehon sairastuneen. Kuitenkin sinä tarvitset solujasi koska eihän sinussa ole muita kuin soluja. Ja solut tarvitsevat sinua koska eihän niillä ole ketään muuta sinä. Annat soluillesi elämän ja ne ovat täysin riippuvaisia sinusta.

Sairaus ja elämän odotukset

Kun kysytään mitä halutaan tulevaisuudelta, niin vastaus on terveyttä,rahaa, onnea jne. Jos terveys on valinta eikä onnenkauppaa, niin mitä ollaan valmiit tekemään terveyden eteen. Jos sanotaan, että halutaan terveyttä, lopeta tupakan poltto ja alkoholin juonti. Terveydenhuollon mielestä ne ovat kaksi suurinta syytä sairauksiin ja ennenaikaisiin kuolemiin. Kuinka moni tekee sen saavuttaakseen paremman terveemmän elämän. Oletuksena on, että voidaan tehdä ja elää miten vain ja silti saada terve elämä. Tässä on kaksi esimerkiä alkajaisiksi. Ne ovat sellaisia ns. nautinto aineita jotka kuuluvat jokapäiväiseen elämään ja eri seurustelu tilanteisiin. Töissä yhteinen tupakka ja seurustelu hetki katkaisee työnteon ja nikotiini, niin uskotaan, rauhoittaa stressin ja työkiireiden kestämisessä. Ravintola iltaan ja alkoholin nauttimiseen kuuluu useimmilla myös tupakointa vaikka muuten ei ehkä niinkään sitä harrastaisi. Alkoholin juonti kuuluu niin jokapäiväiseen elämään ja kulttuuriin että tuntuu ettei elämää voi olla ilman alkoholia. Voitot ja tappiot huuhdotaan alas siihen sopivalla juomalla. Jos pyydetään mukaan vaikka viikon kestävään raittus kokeiluun, halukkaita ei ole ruuhkaksi asti. Epäillään voiko elää viikon ilman juomista. Jos ei olla valmiita luopumaan edes näistä kahdesta turhimmista ja periaateessa helpoimmin tehtävistä muutoksista elämässä niin kuinka voidaan odottaa terveyttä tulevaisuudessa.

Sairaus on aina valinta terveyden kustannuksella. Suurin osa ihmisistä uskoo elämän olevan tuuripeliä. Joko on saanut syntymä lahjana huonot geenit ja tuurin tai sitten joku on saanut hyvät, mutten minä. Uskotaan elämän tai Jumalan heittävän eteen tapahtumia, joihin itsellä ei ole vaikuttamisen mahdollisuutta. Kun kysytään, harva uskoo edes kohtaloon saati Jumalan johdatukseen. Uskotaan elämän olevan kuin laineille heitetty lastu, johon itsellä ei ole paljon vaikutusta.

Tieto ja vastuu

Sen takia tieto on tärkeää jotta voi ottaa vastuun omasta elämästään. Kenen uskot heittelevän näitä hyviä ja huonoja asioita elettäväksemme? Periaatteessa ei ole huonoja asioita on vain asioita ja tapahtumia joista on jotain opittavaa. Tärkeintä kuitenkin on, että et ole olosuhteiden ja huonojen geenien uhri. Jos synnyit köyhään alkoholisoituneeseen perheeseen, jossa on kaikki tunnetut sairaudet sukurasitteena, niin sinun ei tarvitse niihin sairastua eikä se tarkoita sitä ettet voisi menestyä elämässä. Geenit ja köyhä koti eivät määrää sinun loppuelämääsi, jos et usko niin olevan ja luovuta yrittämästä käyttäen niitä tekosyynä ja vastuun siirtämisenä epäonnistunisistasi elämässäsi. Ne ovat vain asioita ja olosuhteita jotka sinun on koettava tässä elämässä. Opittava niistä saatava oppi että olet valmis kohtaamaan elämässä tulevat haasteet. Kuinka miellät nämä haastavat olosuhteet viitoittavat tulevan elämäsi. Jotkut masentuvat ja luovuttavat, toiset kokevat ne mahdollisuuksina.

Ensimmäinen ja tärkein asia on vastuunottaminen elämästäsi. Sinä olet vastuussa kaikesta mitä elämässäsi tapahtuu. Ihan kaikesta. Sinä teet päätökset tekemisistäsi ja tekemättä jättämisistä sekä valinnoista mitkä teet. Miten voit syyttää ketään muuta siitä mitä olet päättänyt. Voihan tietysti ajatella, että päätöstä tehtäessä elämä oli jakanut vain huonoja vaihtoehtoja valittavaksi ja jouduit niistä valitsemaan vähimmän huonon vaihtoehdon. Näistä huonoista vaihtoehdoista voi syyttää vain syntymässä saatuja huonoja olosuhteita ja vetäytyä vastuusta niiden taakse. Vai oliko vain niin että teit valinnan niistä vaihtoehdoista joiden luulit olevan mahdollista kun oikeasti sinulle oli kaikki mahdollista.

Geenit ja mahdollisuudet

Ensinnäkin geenit eivät päätä elämästämme. Geenit on DNA:ssa suunnitelma, jonka pohjalta kehoa aletaan rakentamaan. Kun rakennetaan taloa siinäkin on suunnitelmat, joiden mukaan talo rakennetaan. Jos levitetään suunnitelmat pöydälle ja sanotaan rakenna talo, ei tapahdu mitään. Suunnitelmat ovat suunnitelma ja joku muu rakentaa suunitelmien mukaan sen talon. Kehon rakennuksessa voidaan puhua sarjatuotanto mallista koska kaikki kehot näyttävät suunnilleen samanlaisilta. Kaikilla on jalat keskivartatalo kädet ja pää. Vaikka kaikki näyttävät samanlaisilta niin kahta samanlaista ja näköistä ei ole. Kaikilla on kuitenkin suurinpiirtein sama määrä soluja jotka muodostavat kehon sen elimet ja toiminnan. Kehon perimä sisältää 25000 geeniä. Proteiinit määräävät kehomme rakenteen ja toiminnan. Kehon rakentamiseen tarvitaan 150000 proteiiniä. Yksi geeni tekee yhden proteiinin niin ollen tarvitaan 150000 geeniä ja perimä sisältää vain 25000 geeniä. Kehon rakennuksessa voidaan ajatella perimän sisältävän 25000 geenin perusversion johon kehon tuleva asukas tekee omat haluamansa muutokset. Siksi lopputulos on aina omistajansa näköinen. Geenistä voidaan tehdä lukemattomia eri versiota. Tiede on todennut kasvien, eläimien ja ihmisen geenien pysyneen aikojen saatossa hyvin samanlaisina. Kuitenkin ulkoinen rakenteemme on muuttunut. Ihmisten koko, pituus, kehon rakenne ja ulkonäkö on muuttunut. Jos vertaat 50-luvun missi kokelaita tämän päivän vastaaviin voit nähdä huiman eron. Joku voisi sanoa sen johtuvan Darwinin lanseeramasta evoluutiosta, mutta siitä varsinaisesti ei ole kyse, vaikka sillä se voitaisiin selittää jos ei otetaisi muita tekijöitä huomioon. DNA ei pysy koko elämän muuttumattoma. Vaan se muuttuu sitä mukaan kuin ymmärryksesi ja kokemasi asiat muovaavat todellisuus kuvaasi ja tapaasi reagoida elämään. Niin kehosi rakenne ja ulkonäkö muuttuu DNA muuttumisen myötä ja se millaisena näemme itsemme.

Näin siis kehon tuleva mieli antaa perusgeeneille ohjeet miten se tekee eri muunnoksia ja rakentaa sellaisen lopputuloksen kuin halutaan. Silloin ulkoinen rakenne ja ulkonäkö vastaa kehon omistajaa.

Mutta se, että geenit päättäisivät milloin ja mihin sairastut ei ole mahdollista. Geenit eivät tee päätöksiä vaan rakentavat proteiinit jotka tarvitaan halutun muodon ja toiminnan saamiseksi. Koskaan ei ole todistettu geenien määräävän elämästämme. Aikoinaan kun ei ollut muuta selitystä niin ajateltiin kun geenit saavat kehomme rakennuksen alkamaan niin ne päättävät elämästämme loppuun saakka. Se käsitys on vielä nykyäänkin laajalti olemassa myös lääketieteessä. Geenit ovat kuin suoja sukassa DNA:n kaksoiskierteesssä, jossa ne ovat tietovarastona tulevia tarpeita varten. Kun solu saa tehtävän valmistaa jonkun proteiinin ja sitä ei ole ole saatavilla se lähettää rna:n asialle joka menee geeni varastoon. Rna:lla on mukanaan tieto millaisen geenin se haluaa. Tämä tieto signaali avaa sukan oikeasta kohdasta. Minkä jälkeen rna kopioi geenin ja vie sen tiedon soluun. Sukka sulkeutuu ja kopiosta valmistetaan tarvittava proteiini. Geenit eivät siis päätä eivätkä tee mitään vaan ovat siellä varastossa. Tietysti siellä on ne sairautta, syöpää, diapeettesta, alzheimieria tai mitä vaan sairautta aiheuttavat geenit. Mutta eihän niitä sieltä haeta jos ei joku niin halua. Ja se joku voi olla ainoastaan sinä itse koska sinä olet pomo ja vastaava sinun kehossasi. Ja se mikä saa sitä haluamaan on pelko saada se sairaus tai se miten yleensä hallitset kehoasi. Luulet, että olet kehosi ja hallitset sitä,kuitenkin ainoa mitä voit tehdä, on liikuttaa ja välittää ympäristöstä tulevaa tietoa tunteella höystettynä. Voit ulkokuorta lävistää, tatuoida, vaatettaa, koristella, meikata ja leikata, mutta et tiedä mitä kehosi tekee.Kukaan ei tiedä. Virallisessa terveydenhuollossa ei päästä yksimielisyyteen edes siitä minkälainen ravinto on hyväksi. Kuinka paljon pitää ottaa D vitamiinia. Vähärasvainen eli kevyt tuotteet olivat vähän aikaa sitten terveyden avain ja nyt on huomattu asian olevan päinvastoin. Jos ei tiedetä edes yksinkertaisempia asioita kuinka voidaan tietää miten keho todella toimii. Kuitenkin kehossasi tapahtuu koko ajan mitä ihmeellisempiä asioita joista et ole tietoinen ja joihin et paljoakaan voi vaikuttaa. Mutta niiden toimintaan kylläkin vaikka kehon tuhoutumiseen asti. Periaatteessa keho hoitaa itsensä automaattisesti- sydän pumppaa verta, hengitämäsi happi jaetaan soluille, lämmön säätely, ruuan sulatus, ravintoa viedään missä sitä tarvitaan, hivenaineet hoituu, veressä verisolut tekee mitä täytyy jne. Et todellakaan tiedä mitä kaikkea kehossa tapahtuu että kaikki toimii. Etkä edes ajattele sitä. Kuka sitten ajatteleee puolestasi ja säätää sekä huolehtii kaikesta. Olet kai yhtä mieltä siitä, että jonkun täytyy se tehdä.

Sinä voit liikuttaa kehoasi ja välittää sille tietoa silmilläsi ympäristöstä jota maailmaksi kutsutaan. Se tieto jonka välität soluillesi, ratkaisee kuinka hyvin voit ja kuljetko suorana, kumarassa vai vinossa. Keho on luotu toimimaan automaattisesti kunnolla ja terveenä ilman sairauksia. Jos sairaus sattuisi yllättämään, kehossa on oma parannus järjestelmä. Tämä parannusjärjestelmä kytkeytyy päälle kun vaivut uneen. Silloin ei tunne elämäsi vinoutumat voi vaikuttaa kehosi toimintaan. Tai voit vaikuttaa kehosi toimintaan myös valveilla ollessasi, jos ymmärrät elämän oikein. Vain sinä voit päättää, kuinka hyvin kehosi tämän elämän ajan toimii. Sillä mikään muu ei voi kehoa muuttaa siitä hyvänvoinnin tilasta kuin sinä. Geenit ja mikään muukaan ei elämästäsi päätä. Sen takia on on tärkeään ymmärtää että vastuu on yksin sinun. Se tunne miten suhtaudut ympäristöstä tulevaan tietoon välittyy soluille ja pitkän päälle ratkaisee elämäsi laadun.

Siksi tieto, siitä miten asiat ovat on tärkeää. Ilman sitä heität pyyhkeen kehään ja luulet olevasi olosuhteiden uhri. Tuntuu, miksi turhaan yrittää kun kaikki on jo päätetty puolestasi. Synnyit sukuun missä on syöpää, diapeettia, sydänsairauksia jne. Suvussa on pelkkiä luusereita. Työttömiä ja köyhiä. Ja sellainen sinustakin tulee kun samaistut heihin ja ja luulet ettei sinulla ole mahdollisuuksia parempaan elämään. Niinä kuutena–, seitsemänä ensimmäisenä vuotena jolloin taltioit kaiken alitajuntaasi, samaistut perheeseen, sukuun ja ympäristöön. Sen jälkeen tallenteen muuttaminen on vaikeampaa. Muttei mahdotonta. Ihmiselle on ominaista, että haluaa kuulua johonkin, on se sitten perhe, suku, kaveriporukka, liike tai yhdistys. Sen jäsenenä haluat, että sinut hyväksytään ja tunnet olosi siellä turvalliseksi. Niissä on vain sellainen pulma, että vastuu annetaan johtohenkilölle tai -henkilöille ja mitä sitten tehdäänkin, sanoudutaan irti vastuusta siitä mitä tehdään muiden mukana.

Kehon ohjelmointi

Sinussa on käyttöjärjestelmä, joka hoitaa kehon tarvitsemat toimenpiteet. Kun synnyt ja jos joku kysyisi miten menee vastaisit " En tiedä saavuin juuri tänne" Et voikaan tietää, siitä ohjelmasta mikä sinussa on, ei ole mitään hyötyä ennenkuin sinne on syötetty tietoa. Ja sitä sinä teet seitsemän ensimmäistä vuotta. Jos näet ympärilläsi pelkkää kurjuutta ja aikuiset juttelevat "sekin nyt sairastui syöpään, mutta eihän se mikään ihme ole kun sitä on suvussa. Varmaan meidän pikku Mattikin sen saa, kunhan edes aikuiseksi selviää. Kunhan nyt saisi koulut käytyä ja löytäisi jonkunlaisen työpaikan, että saisi edes akan itselleen". Kun tämmöistä ohjelmointia saa tulevaa elämää varten niin voi olla haastavaa jollei jossain vaiheessa saa oikeaa tietoa miten elämä toimii. Vanhempasi ovat oppineet tapansa ja suhtautumisensa elämään vanhemmiltaan ja he taas omilta vanhemmiltaan. Ja näin tämä on mennyt elämän ketjussa, mutta nyt kaikki on muuttumassa. Tämä vanhempien ja isovanhempien ketju on katkeamassa. Vanhempien kanssa ollaan entistä

vähemmän ja isovanhempien kannssa tuskin ollenkaan .
Heidät on korvannut päiväkoti ja kaveriporukat.

Vähän tästä chakra opista, en ala sitä sen enempää
selvittämään sillä siitä on olemassa paljon hyvää
kirjallisuutta mihin voi tutustua jos on kiinnostusta. Mutta
tämä seitsemän ensimmäistä vuotta, jotka nauhoitat
kaiken, kattaa esimmäisen eli juuri chakran alueen. Siinä
luodaan pohja ja perusta maalliselle elämälle. Siinä
tutustutaan ja luodaan sitoutuminen sekä kuuluminen
perheeseen, sukuun ja kansakuntaan. Omaksutaan niiden
säännöt, kunniantunto, luonne sekä käyttäytymis mallit.

Ensimmäinen Chakra on kaiken fyysisen ja henkisen
perusta. Jos sitoutumisessa perheeseen, sukuun ja niin
edelleen on ongelmia niin fyysisellä puolella sairaudet
ilmenevät selkärangassaa, peräsuolessa, säärissä, luissa,
jaloissa sekä immuunijärjestelmän alueella. Henkisellä
puolella on pakkomielteet, masennus itsetuhoisa käytös ja
alkoholismi

Minkä takia tämä on niin tärkeää. Koska se tallentuu
alitajuntaan. Ei tietoiseen mieleen jonka ohjauksessa
olemme 5 % ajasta. Jos vaikkia tietoinen mielesi haluaa
vaurautta, sopivaa kumppania, matkaa, asuntoa tai autoa
niin haluat sitä vain tietoisesti 5 % jos alitajuisessa mielessä
on ohjelma joka ei tue sitä niin 95 % ammut alas näitä
haaveita. Vaikka nämä mielet ovat täysin erinlaisia
toiminnaltaan silti ne toimivat yhdessä ja käyttävät samoja
ohjelmia

Luomme itse omaa tulevaisuuttame joka hetki. Sinun
päätöksesi ja valintasi muokkaavat tulevia tapahtumia ja
kokemuksia elämääsi. Jos ne eivät ole sinun omiasi, annat
vallan vaimolle tai miehellesi, kaveriporukalle tai jollekin

muulle taholle ja vetäydyt vastuusta niin, kenen elämää oikein elät. Vaikka et haluaisi tai kenties uskotkin että olet olosuhteiden uhri niin joka tapauksessa kannat vastuun omista päätöksistäsi. Jos teet päätökset kuten vaimosi tai miehesi tai kaveriporukkasi haluaa ja ne eivät ole semmoisia kun sinä haluat niin sinä kuitenkin vastaat niistä. Kaikki päätökset ja valinnat aiheuttavat seurauksen joka vaikuttaa tulevaisuutesi ja fyysiseen kehoosi.

Ehkä vielä ajattelet ellet paneudu tai ota kantaa tai osoita mielenkiintoa niin nämä eivät kosketa sinua. Elät kuin jänöjussi ja työnnät pääsi pensaaseen. Mutta se ei onnistu. Joudut joka hetki tekemään päätöksiä ja valintoja halusit tai et. Elämähän on yhtä valinnan tekoa hyvän ja pahan välillä. Päätökset tulevat joko rakkaudesta tai pelosta. Ja ne vaikuttavat kaikkiin ja kaikkeen. Niinhän sitä sanotaan että, jos itikka aivastaa Lapissa niin Saharassa joku hiekanmuru pyörähtää. Kun kuitenkin joka tapauksessa teet valintoja ja kannat niistä vastuun niin ajattele mistä tässä kaikessa on kyse ja mitkä olivat parhaat valinnat itsesi ja kokonaisuuden kannalta.

Antiikin tiede

Antiikin Kreikassa vallitsi kaksi ajatus suuntaa josta Democrittuksen näkemys tuli tieteen perustaksi Isaak Newtonin rakentaman maailman kuvan myötä ja siinä rakennettiin pohja nykyselle tieteelle.

Democrituksen näkemys oli, että atomi oli kaikki mikä on. Pienin jakamaton hiukkanen ja kaikki rakentuu atomeista.

34

Jos haluaa tutkia ja ymmärtää elämää, täytyy tutkia atomin rakennetta ja toimintaa. Ja koska elämä on liikettä niin se muodostuu siitä että atomit törmäilevät toisiinsa kuin biljardipallot. Avaruus tämän mukaan on tyhjää täynnä.

Sitten Newton rakensi maailmankuvansa jossa aurinko oli keskellä ja kaikki taivaankappaleet kiersivät sitä. Niiden paikka voitiin laskennallisesti osoittaa ja ennustaa niin se sopi täydellisesti Democrituksen näkemykseen ja siitä tuli tieteen perusta ja linnuradan sekä universumin toiminnan selitys. Maailman kaikkeus oli kuin kellon koneisto. Tiede olettaa kaiken olevan havaittavissa, toistettavissa ja todistettavissa. Siihen ei sisältynyt mitään energiaa, henkeä eikä Jumalaa.

Siitä seuraa että nykyinen lääketiede käsittää ihmisen koneistona. Siihen ei liity mitään muuta kuin soluja, lihaksia, elimiä jne jotka toimivat kuin kellon koneisto. Kaikkea voidaan purkaa osiin ja tutkia kuinka ne toimii sekä laittaa takaisin että korjata

Keho hiukkasina

Kaikkeen mitä tähän mennessä on kerrottu, lisätään enegia. Energia on ikuista. Se on ollut täällä ennen meitä ja jää meidän jälkeenkin. Se ei tee tyhjäksi sitä mikä on kerrottu vaan niinhän me sen yleensä koemme. Se selittää monia asioita mitkä jäävät mysteeriksi ilman energian läsnäoloa.

Keho on biokemiallinen, proteiineja valmistava tunteesta ohjautuva kokonaisuus, joka soluista tulleesta palautteesta saa aikaan sen tunnetilan minkä koemme. Pitää muistaa kuitenkin sen lisäksi että olemme soluista muodostunutta nahkaa, lihasta ja luuta. Olemme kuitenkin perimmiltään muodostuneet kosmisista hiukkasista , jotka ovat atomeja ja fotoneja. Vaikka atomit käsitetään materiana, ne ovat kuitenkin samalla energia hiukkasia joilla on sähkö- sekä magneettikenttä ja värähtelytaajuus. Aikojen alussa kaikki ns. materia oli energiana, joka oli tiedemisten mukaan herneen kokoinen ennen suurta pamausta. Siis perimmiltään kaikki me ja ns. materia universumissa olemme yhtä ja samaa. Tästä pääsemme siihen, että me olemme värähtelevä energia yksikkö jolla on määrätty taajuus. Kaikki mitä edellä on kerrottu, on energian eri taajuuksia, jotka ovat ottaneet materian muodon.

Kun sanoin kehon olevan tunteesta ohjautuva niin tarkoitin sillä seuraavaa: Aloitetaan aivan alusta. Syntymässä saadut olosuhteet eivät ratkaise koko elämäämme eli kaikki ei ole geeneistä kiinni. Voisi siis olettaa sen kuitenkin oleva ratkaiseva ero elämän helppouden kannalta, syntyykö vauraaseen vai köyhään perheeseen. Voisi ajatella toisen saavan lottovoiton, kun taas toinen kärsii huonosta tuurista. Tässä kohtaa täytyy ottaa huomioon meidän itse valitsevan vanhempemme ja olosuhteet, joihin haluamme syntyä. Jokaisella kehollitumisella on tarkoitus ja valitsemme sellaisen vaihtoehdon jossa on paras mahdollisuus toteuttaa tavoitteemme. Eli synnymme määrättyihin haluamiimme olosuhteisiin alitajunnassamme oleva ohjelma mukanamme. Se mitä tallennamme ensimmäiset vuodet nivoutuu yhteen mukanamme tuoman edellisistä kehollitusmisista tulevan ohjelman kanssa.

Nyt täytyy muistuttaa taas siitä, että kaikki on energiaa muuten tämä ei avaudu. Tapahtumat, ajatukset ja reaktiot ovat kaikki energiaa. Kun jotain tapahtuu mihin reagoit, niin se energia kulkee alitajuntasi kautta. Siellä siihen vaikuttavat edellä mainitut ohjelmat sekä uskomukset ja ne muovaavat tunne energiaa, jonka jälkeen se tulee aivojen käsiteltäväksi. Näitä, jotka muuttavat lähetettä kutsutaan verhoiksi, välilehdiksi, suodattimiksi jne eri tulkinnoissa, mutta kuitenkin ne kaikki muuttavat tätä energialähetettä ohjelmien ja uskomuksien mukaisesti. Tämä lähete laukaisee aivoissa erilaisten kemikaalien vapautumisen, jotka virtaavat kehoon ja soluille. Solut analysoivat nämä kemikaalit ja lähettävät palautteen aivoille siitä, oliko tapahtunut reaktio hyvä vai epämiellyttävä. Muuten et voi tietää miten "sinä" ja kehosi reagoivat. Sillä ei ole olemassa mitään "sinä" . On olemassa vain n. 50 x 12 nollaa solua, jotka muodostavat sinut. Sen takia sanoin kehon olevan tunteesta ohjautuva biokemiallinen kokonaisuus. Sinä eli keho, ohjaudut tunteesta, jonka muodostaa kemiallinen aine jonka solut tunnistavat ja antavat palautteen.

Elämän kokeminen

Kaikki edellä kerrottu on ollut selvennystä siihen miten koemme tämän mitä kutsumme elämäksi. Vaikka sen taustalla on mitä moninaisempia virityksiä, niin koemme sen niinkuin aistimme ja ympäristömme sen meille välittävät ja mitä uskomme niiden viestien merkitsevän. Minulla oli pari vuotta sitten kotisivut, jossa vertasin elämää tietokonepeliksi. Mitä se muistuttaakin. Elämä on tietokonesimulaatio. Jos joku on nähnyt elokuvan matrix, niin se on kopio siitä mitä koemme elämäksi. Kokija eli sinä itse, et ole täällä. Sinä koet mitä keho kokee tässä pelissä. Sinä olet liittynyt kehoon ja koet sen omaksesi. Nyt on meneillään virtuaalitodellisuuden läpimurto. Virtuaalimaailmassa koet oman kehosi, jalat ja kädet jne. Voit tehdä niillä mitä haluat ja ne, jotka ovat sen kokeneet, sanovat että tämän lähemmäksi todellisuutta ei voi tulla. Kysymys kuuluu kuka tai ketkä ovat tämän virtuaalitodellisuuden luoneet mitä me ns. oikeasti elämme. Tämän elämän pelin kehittäjä on tietysti luonut alun ja lopun. Jos peli luodaan, niin täytyyhän sillä loppukin olla päätettynä. Peli on tämä energia, joka täyttää koko universumin. Avaruus siis ei ole tyhjä vaan sen elävä sykkivä ”super viisas”, jota kutsutaan maailman älyksi, jumalaiseksi viisaudeksi tai –matrixiksi. Tämän pelin ominaisuuksiin kuuluu kaikki mitä uskot sen olevan, se myös on. Tämä matrix sisältää kaikki mahdollisuudet mitä kuviteltavissa on. Ne on siinä energia spiralleina, joiden värähtelytaajuus muuttuu koko ajan. Sinä voit lukita niistä yhden tajuuden, joka sisältää sen maailmankuvan mihin uskot. Tässä simulaatiossa kokemasi maailmankuva muuttuu sen mukaan mihin uskot. Tämän hetkinen maailma on se minkä aikaisemmat sukupolvet ovat luoneet uskomuksineen. Kuten aikaisemmin kerroin sinun nauhottavan seitsemän ensimmäistä vuotta kaiken mitä tarvitaan sitoutumisessa perheeseen, sukuun ja kansakuntaan. Nyt siirrät aikaisempien sukupolvien uskomukset tähän päivään. Elät ne todeksi uskoen eläväsi omaa elämääsi. Ajattelkaamme kaikkia mihin tänä päivänä uskomme. Kaikki uskonnot, uskomukset tieteestä, elämästä, kuolemasta ovat se, mitä ihmiset ennen meitä ovat jostain syystä ottaneet uskomus järjestelmäänsä. Ei tarvitse mennä kuin pari- kolmesataa vuotta taaksepäin, niin se mitä voimme historiankirjoista ja historiallisista elokuvista nähdä, saavat meidät ajattelemaan miten se on voinut olla mahdollista. Noitia poltettiin roviolla, tytöt naitettiin perheen, suvun, vallan tai omaisuuden perusteella. Naiset eivät saaneet käyttää housuja, väärä uskoiset tapettiin, luokkayhteiskunta määräsi tulevaisuuden jne . Kaikkia näitä on jossain määrin nähtävissä vieläkin. Kaikkein isoimmat todellisuuden muodostajat ovat vieläkin vanhempaa perua ja niitä sovelletaan tänäkin päivänä. Kun nämä opit ja uskomukset on aikanaan tehty ja päätetty sillä ymmärryksellä mikä sen ajan ihmisillä on ollut, nin mitä se kertoo tästä päivästä ja siitä mihin me uskomme.

Vielä hiukan historian painolastista vaikka tekninen kehitys on mennyt huimin askelein eteenpäin niin voisi luulla ihmisten myös kehittyneen siinä sivussa. Mutta ei. Hypnoosia, meditaatiota, enkeleihin, henkisiin asioihin yleensä uskomisesta saa vähän kummallisen maineen ja kirkko vastustaa edelleen kaikkea paholaiseen vedoten.

Tietokone ja ohjelmat

Eihän elämä ole tietokone simulaatio vaan päinvastoin. Tietokone simulaatio on heiveröinen jäljitelmä elämästä. Elämän peliä ohjaa ns. elävä rajaton viisaus joka täyttää kaiken sen mitä tieteen valossa pidetään tyhjänä avaruutena. Tämä johtuu siitä että eri tasot ovat sisäkkäin ja se energiameri missä olemme on tasoa ylempänä eikä sitä voida olemassa olevilla mittalaiteilla mitata. Meidän elämämme on ohjelmoitu mutta siten, että tietyin ehdoin voimme sitä muuttaa uskomuksiemme mukaan. Keho jonka olemme valinneet pelinappulaksi ja rakentaneet sen itsemme näköiseksi on myös täysin ohjelmoitu. Luulemme itse päättävämme mitä teemme mutta kuitenkin valitsemme niistä vaihtoehdoista joita ohjelmointi meille antaa.

Ensimmäinen ja tärkein on hengissä pysyminen. Siihen liittyy stressi tila joka ilmenee vaaran uhatessa. Se on niin sanottu taistele tai kuole, jossa saamme super voimat selvitäksemme. Siihen liittyy myös nälän tunne, kun energian puute uhkaa tai janon tunne nestevajauksen käydessä liian suureksi. Ja monia muita asioita joita keho pakottaa tekemään hyvinvoinin säilymiseksi. Koet ja tunnet esim että sinulla on nälkä , jolloin solut viestittävät energia pulasta ja täystehoisen työnteon olevan uhattuna. Silloin tämän pakottavan tunteen poistamiseksi on saatava ravintoa. Tähän samaan kategoriaan liittyy suvunjatkaminen eli uusien kehojen tuottaminen. Sekään ei ole sinun päätettävissäsi. Luonto ja ohjelmoijat ovat keksineet rakastumisen. Ja se on niin vahva tunne, että sen vuoksi ollaan valmiit tekemään kaikki mitä tehtävissä on. Petetään,vietellään, alistetaan, tapetaan ollen valmiit kärsimään mitä vain. Siitä voit kuvitella kuinka vahvasta ohjelmasta on kyse. Rakastumisessa on kyse , suvun jatkamisesta ja uusien kehojen tuottamisesta. Onhan se ihana ja paras tunnetila, mitä elämässä voi olla, oli sen tarkoitus sitten mitä vain. Rakastumisen tilassa keho on terveimmillään ja parhaimmillaan. Koska siinä unohtaa itsensä ja asettaa toisen hyvinvoinnin etusijalle. Paitsi sitten kun iskee paholainen ja alkaa luulla menettävänsä tämän ihanuuden kohteen. Silloin paratiisi voi muuttua helvetiksi. Mutta se on toinen asia.

Luonnossa eläimillä on kiima-aikansa ja sen jälkeen pesän rakentamispuuhat. Sen jälkeen tulee poikaset ja vanhemmat huolehtivat jälkikasvunsa kasvattamisesta ja hengissä säilymisestä aikuisikään. Eri eläimille se on eri pituinen ja erilainen tapahtuma. Mutta aina se varmistaa jälkikasvun selviämisen. Kun tämä tapahtuu samalla tavalla samalla lajilla vuodesta toiseen, voidaan sanoa sen olevan ohjelmoitu siihen lajiin.

Ihmisen kehoilla se on vähän vapaampaa eikä ole sidottu vuodenaikoihin kuten eläimillä. Ihmisillä kait optimiaika on kun kolmas eli fyysisen kehon viimeinen chakra valmistuu 21 vuoden iässä. Silloin kun kaksi ihmistä kohtaa ja rakastuu niin eiköhän se ole siinä.

Rakastuminen on kuin huumeet mitä nykyaikana niin paljon käytetään. Ne matkivatkin niitä vaikutuksia, joita rakastuminen kehollesi tekee. Ja tämän pitäisi kestää sen aikaa kun kehon alku on omillaan toimeen tuleva eli n. 13-15 v. Se on luonnon keino saada elämä ja keho tuotanto jatkumaan.. Tämän ohjelman täyttyy olla voimakas, sillä eihän kukaan tee mitään vapaaehtoisesti tai varsinkaan jos on vähänkin vastenmielistä. Kehojen alulle saattaminen on suurimpia nautintoja mitä kehossa ollessa voi kokea. Ihmisellä kun ei ole erillisiä kiimaaikoja, niin sen tyydyttäminen on jatkuvaa ja sehän on tajuttu jo aikojen alusta tekemällä siitä vallan ja rahan väline.

Ihmistä ei ole tarkoitettu yksiavioiseksi sen on ihan joku muu keksinyt. Toki se voi sitäkin olla. Nykyään kun vanhat elämisen mallit uudistuu niin voimme lehdistä lukea ja lähipiirissä kokea kuinka yhä useampi eroaa. Vaikka ns. rakastuminen on ohjelmoitu kemiallinen reaktio, niin ei se sitä muuta miten koemme ja toteutamme sen. Se on vähän arvailujen varassa mikä saa meidän kokemaan tämän vain sen määrätyn tai määrättyjen ihmisten kanssa. Se ei tapahdu kaikkien kanssa eikä pakottamalla.

Voi ehkä olla ensin vaikeata kokea elämä tietokone ohjelman kaltaiseksi. Mutta päivästä suurin osa menee näiden ohjelmien toteuttamiseen. Jos koet olevasi vaarassa stressi taso nousee ja saa sinut tekemään erinlaisia asioita sen poistamiseksi tai toimia sen mukaan. Jos energia taso laskee nälän tunne pakottaa sinut etsimään ruokaa ja ansaitsemaan rahaa sen ruoan hankintaan. Sama janon kanssa. Ja näistä on eri vivahteilla erinlaisia tarpeita ja niiden tavoite on hengissä pysyminen. Normaalilla ihmisellä vaikeuksienkin keskellä oman elämän lopettaminen on niitä viimeisiä vaihtoehtoja. Kun nämä samat tarpeet toistuvat kaikilla samanlaisina ja ne ilmetäkseen vaativat samojen ehtojen täyttymistä niin silloin kyllä voidaan puhua ohjelmoinnista.

Luonto keksijänä

Kaikki keksinnöt ovat luonnosta tai elämästä olevien asioiden kopioimista. Sillä ihminen ei voi keksiä mitään uutta. Se on mahdotonta. Esim televisio on jäljitelmä siitä

42

kuinka koemme ajan. Muisti tallentaa tapahtumat, jotka silmämme havaitsevat kuvina. Jos joku kysyy sinulta jotain aikaisempaa tapahtumaa, niin kaivelet sitä muistista, löydät sen ja se tulee kuvina mieleen. Miten muutenkaan niinhän sen silmiesi läpi näit. Katsot tapahtumaa niin, että siitä tulee liikkuvaa kuvaa, täytyy muodostaa perättäisiä kuvia jossa joku tapahtuma tai liike saa aikaan vaikutelman liikkeestä. Silmin katsottuna se liike on jatkuva. Jos esim joku putoaa pöydältä lattialle, niin siinä esine on pöydällä ja putoamiseen menevä aika kun se on lattialla. Siitä tulee aika käsitys, esine oli pöydällä ehjänä, sitten se oli lattialla ja rikki. Tämä ei tapahtunut samaan aikaan eikä lopputulos ole sama. Kun tämä muutetaan televisiolle, niin siinä muodostetaan 25 kuvaa sekunnissa ja lopputulos on melkein sama. Liike näyttää melkein samalta. Samoin kuin aivot muodostavat ja tallentavat tapahtumat muistiin kuvina, samoin tekee kamera ja toistaa sen.

Samoin on tietokone ns. keksitty. Siinä on ohjelma ja vaadittujen ehtojen täytyy täyttyä, että ohjelma tekee jotain. Eli tämä jumalainen matrix, maailman viisaus miksi haluamme kutsua on se energia ja elävä tietokone, joka täyttää avaruuden ns. tyhjän tilan ja ohjaa tätä kaikea.

Ei kai enää kukaan voi kuvitella että täällä sattumalla olisi mitään sijaa. Niinkuin Demokritucsen maailman kuva oli, avaruus on tyhjää täynnä.Siellä yksittäiset atomit törmäilevät toisiinsa kuin biljardipallot ja siitä syntyy elämä.

Vähän DNA:sta

Vaikka aika paljon on jo puhuttu soluista mutta hieman lisää niistä koska ne ovat tärkeitä. Ilman niitä ei olisi elämää eikä sinua. Solu valmistaa proteiineja, jotka saavat liikkeen aikaan. Elämä on liikettä. Geeneissä on tieto siitä miten proteiinit valmistetaan. Geenit on DNA:ssa. DNA:ssa on toiminta missä tätä kaksoiskierrettä menee jatkuvasti ylös ja alas tarkastaja mikä tarkastaa ja korjaa geeni vaurioita. Dna on kaksoiskierteinen nauha joka on n. 2 m pitkä oikaistuna. Ja siinä on kaiken elämän, olemisen ja universumin tieto. Kun sinussa on 50-10000000000000 solua ja jokaisessa on tämä 2 m pitkä nauha ja kun ne laittaa peräkkäin voi vain kuvitella kuinka pitkä se on.Kun tieto mikä sisältyy yhteen DNA nauhaan puretaan ja laitetaan kirjamuotoon ja kirjat laitetaan päälleikkäin niin kirja pino yllettyy kuun tuolle puolen.

Solut synnyttävät elämän, ylläpitävät elämää ja suurelta osin toimivat myös aivoina. Sellaisissa tapauksissa kun solut lähettävät palautetta aivoille kaiken olevan hyvin, niin aivot etsivät ympäristöstä kokemuksia, jotka lisäävät tätä hyvänolon ja turvallisuuden tunnetta. Solut lähettävät palautetta nyt on kaikki oikein ja etsit lisää kokemuksia, jotka vahvistavat tätä. Siitä muodostuu sellainen lenkki solut antavat palauteta ja aivot yrittävät toteuttaa sen niin soluista eli lihasta on tullut aivot. Kun tiedät miten solut tai keho reagoi niin, yrität jo ennalta välttää kokemuksia ja tapahtumia, jotka veisivät sinut pois tästä hyvänolon ja turvallisuuden tunteesta. Ja silloin siitä tulee tapa ja sanotaan, että pysyt omalla mukavuus alueella. Teet samoja

44

asioita samalla tavalla. Silloin mikään ei muutu, ei tule uusia kokemuksia eikä uutta oppimista. Soluthan päättävät milloin meillä eli keholla on hyvä olla. Kukas muukaan sillä eihän kehossa ole muuta kuin soluja.

Alitajunnasta

Kun lähetät havaitsemaasi tietoa ympäristöstäsi soluille se kulkee filttereiden kautta alitajunnan ohjelmien läpi. Vastaanotto on riippuvainen uskomuksesta. Jos muutat uskomustasi niin muutat vastaanottoasi. Muuttamalla vastaanottoasi muutat geenejäsi ja käytöstäsi. Uskomuksen muutos vaikuttaa siis filttereiden toimintaan. Uskomus on tulos kokemuksesta ja sellaisesta informaatiosta , tiede, media yms jota pidät luotettevana. Ja usko kontroloi vastaanottoa. Jos muutat uskomuksiasi niin muutat vastaanottoa. Muuttamalla vastaanottoa muutat DNA:tasi ja geenejäsi. Eli kaiken sen kuinka käyttäydyt ja reagoit ulkoisiin ärsykkeisiin määrää uskomuksesi. Ja se on terveyden ja sairauden avain. Varmaan aikaisemmin oli jo puhetta että solun toimintaan vaikuttaa signaali, minkä solu vastaanottaa ja sen mukaan geeni valmistaa proteiinin. Jos suhtaudut kaikkeen negatiiviseti ja pelolla niin signaali soluille ei kuullosta hyvältä. Siksi voidaan sanoa kun muutat ajatuksesi niin muutat elämäsi. Taustalla voi olla lapsuus-tai aikuusajan traumoja mitkä voivat kuulostaa vaikeilta mutta eivät sitä välttämättä ole. Kun ne tiedostaa ja haluaan ratkaisua niin ne on mahdollista ratkaista.

Et näe maailmaa, joka näyttäytyy silmiemme edessä sellaisena kuin se on, vaan sellaisena kuin sinä koet sen. Ensinnäkään et registeröi kaikkea informaatiota mitä silmät välittävät. Aivojen ajattelevan osan missä päätökset tehdään, kapasiteetti ei riitä käsittelemään kaikkea. Se käsittelee sitä mikä on ajan kohtaista ja tärkeää meneillään olevan ongelman ratkaisuun. Ja niitähän riittää koko ajan. On tehtävä päätöksiä ja valintoja jatkuvasti. Isompia tai pienempiä. Sekä mihin kohdistat huomiosi, mitkä ovat mielenkiintosi ja tärkeää juuri sinulle. Siksi eri ihmiset näkevät saman asian erilailla riippuen mikä heille on tärkeää sillä hetkellä ja tämä on vasta yksi asia monien joukossa. Siis ei ole ihme, että sama asia nähdään niin erilailla.

Silmät välittävät kuvaa aivojen takaosaan missä sijaitsee alitajunta. Alitajunta lähettää saman kuvan aivojen etuosaan missä ajatteju ja päätökset tehdään. Mutta alitajunta ei lähetä samaa kuvaa eteenpäin minkä se vastaanottaa. Se on kuin filtteri kameran linssin edessä ja muuttaa kaiken sen mukaan miten alitajuntaan on kokemuksia ja muistoja kyseiseen asiaan liittyen tallentunut. Eli uskomus on se filtteri joka muuttaa matkalla olevan kuvan sellaiseksi, jonka perusteella liität tunteen mukaan tapahtumaan ja välität sen soluille.

Tämä ympäristöstä vastaanotettu kuva muuttuu uskomuksiesi mukaan niinkuin todettiin ja se vaikuttaa, omakuvaasi, ystävyyssuihteisiisi, itsekunnioitukseen, työtehoon, henkiseen terveyteesi, fyysiseen terveyteesi, varallisuutesi, ulkonäöösi eli voi sanoa kaikkeen.

Siksi voidaan sanoa, että olet sitä mihin uskot. Luot sellaisen elämän mihin uskot. Se mihin uskot muodostaa signaalin, joka menee soluille, sen mukaan ne järjestelee elämäänsä ja lähettää palautetta aivoille ja aivot yrittävät korjata tilannetta. Solut ovat kehossa nahan sisällä eivät ne näe mitä ulkopuolella oikeasti tapahtuu. Ne tietävät justiinsa sen minkä tiedon niille lähetät.

Muutamia esimerkkejä uskomuksista. Omakuvasta: Jos sinua on lapsena kehuttu mukavaksi, kauniiksi, ahkeraksi, auttavaiseksi, sosiaaliseksi jne varmasti voit luottavaisena itseesi luoda aikuisiässä suhteita jotka perustuvat luottamukseen ja kunnioitukseen. Jos sitä vastoin olet kuullut olevasi synkkä, ruma, mitään aikaansaava luuseri niin tuskin ystävyyssuhteesi ovat kovin hyviä myöhemmin.

Uskomuksia pitää muuttaa jotta voit muuttaa ajatuksiasi ja siihen liittyviä tunne reaktioita jotka niihin liittyy. Elämästä: Aivotoimintasi jakautuu kahteen osaan. On tietoinen mieli ja tiedostamaton mieli eli alitajunta. Eli lyhyt - ja pitkäkestoinen muisti. Eli tietoinen mieli muistaa asiat n. 20 s ja alitujunta muistaa kaiken. Tietoinen mieli on tahtova, innostuva, tuomitseva ja järkeilevä. Punnitsee eri vaihtoehtoja, haluaa kokea kaikkea ja innostuu erilaisista uusista ja vaarallisistakin asioista. Alitajunta on tapamieli. Haluaa pysyä vanhoissa turvallisiksi todetuissa asioissa ja varmistaa ettei mitään odottamatonta ja elämää uhkaavaa tapahdu. Sen tehtävä on pitää sinut turvassa ja hengissä. Niillä ohjelmilla ja asetuksilla jotka sinne on tallennettu. Huolehtii kaikista motoriikkaan ja automaattisista elämää ylläpitävistä toiminnoista kuten sydämentoiminta, hengitys, ruuansulatus jne. Tietoinen mieli toimii menneisyydessä. Rakentaa menneisyyteen, muistoihin ja kokemuksiin perustuvia tulevaisuuden visioita sekä odotuksia. Alitajunta toimii nyt hetkessä. Se hyväksyy ja pitää totena kaikkea mitä sille kerrot. Se ei arvuuttele mikä on totta ja mikä ei sekä mitä tulevaisuudessa saattaa tapahtua. Toimii sen mukaan mikä uskomus ja tunne sinulla on juuri tässä hetkessä.

Todellisuudesta

Vielä vähän tieteestä ja miksi maailman kuvamme on kaukana todellisesta. Tämä ns. maailma on harhaa. Mitään materiaa ei ole olemassa sellaisessa muodossa kuin kuvittelemme sen olevan. Tiedemiehet sanovat , että ensinnäkin kaikki materia koostuu valohiukkasista fotoneista. Kun kaikki universumin fotonit kootaan yhteen, niin se olisi herneen kokoinen. Jos kaikki mikä vähänkin on materiaan kiinteeseen aineeseen verrattavaa oli niin pienessä paketissa ja nyt ympäri universumia räjäytettynä niin voiko se olla mahdollista. Me uneksimme ja uskomme niin olevan. Tätä elämäähän kutsutaan myös uneksi. Ja suurin osa ihmisistä nukkuu syvää unta. Sillä mieli rakentaa tarinoita kehon ohjelmoinnissa . Tässä tietokone simulaatio ohjelmassa on kaikki mahdollista. Niinkuin aikaisemmin sanoin, kaikki mihin uskoo on mahdollista. Ihmisen elämä on sidottu näihin kehonohjelmiin ja niitä yritään toteuttaa mitä ihmeellisimillä uusilla muotivirtauksilla. Nautintoja viedään niin pitkälle kuin ikinä keksitään ja aina keksitään lisää. Yksinkertainen nälkä, joka ilmoittaa energia vajauksesta on kehittänyt valtavan kokki ohjelmien ja courmee ruokakulttuurin. Jano ilmoittaa nestevajauksesta ja siihen on kehitetty virvoitusjuomat ja viinikulttuuri jota viedään koko ajan pidemmälle. Tässä pari esimerkkiä, mutta eihän ne ole elämän päämäärien mukaisia. Ei tänne ole tultu selfietä ottamaan ja chillailemaan.. Sitten nämä nautinto aineet alkoholi ja huumeet, tilat ja tuntemukset jotka niillä saadaan aikaan ovat kalpea kopio siitä mikä saadaan oikeasti asiat ymmärtämällä ja kokemalla. Sen takia nämä päihteet ovat vaikea asia kun niiden antama tila on se mihin keho oikeasti pyrkii mutta ei päihteiden avulla.

Tieteellinen koe

Tämä tieteellinen koe on tullut esille vähän joka paikasta. Se tehtiin esimmäisem kerran vuonna 1997. Siinä yksi perushiukkanen eli fotoni jaettiin kahtia. Toinen vietiin 7 mailia toiseen suuntaan ja toinen osa seitsemän mailia toiseen suuntaan eli niiden välimatka oli 14 mailia. Se välimatka tässä ei ole tärkeää sillä se voisi olla vaikka valovuosia. Mutta se mikä on tärkeää kun toiseen puolikkaaseen tehtiin muutoksia,ne ilmenivät samantien toisessakin. Vieläpä niin, että toiseen ei ollut vielä keritty muutosta tekemään niin se ilmeni jo toisessa. Siis vakaa aikomus teon suorittamiseen sai muutoksen aikaan. Me olemme rakennettu näistä samoista perushiukkaista,jotka olivat siinä herneen kokoisessa pisteessä eli olemme yhtä koko universumin kanssa. Kaikki muutokset meissä ja päinvastoin kaikki muutokset universumissa vaikuttavat toisiinsa. En tiedä mistä se kertoo, että tämä koe on tullut niin suosituksi ja kaikkien tietoisuuteen viime aikoina. Toivotavasti se tarkoittaa totuuden vihdoinkin tulevan päivän valoon. Tällä on myös toinen näkökulmaa. Elämme holografisessa maailmassa mikä tarkoittaa sitä, että on ollut olemassa yksi konaisuus mikä on jaettu moniin pieniin osiin ja jokaisessa pienen pienessäkin osassa on se sama kuva kuin alkuperäisessä. Eli kun mekin olemme tämän ison kuvan osa, niin myös meissä on se alkuperäinen ajatus. Kun olemme osa alkuperäistä, se tarkoittaa että olemme sen osia ja kaikki muutokset jossain osassa ilmenevät kaikissa. On myöskin olemassa toinen tieteellinen koe. Jossa samainen fotoni ammuttiin metallilevyyn tehdyn reiän kautta takana olevaan metallilevyyn. Ja tulos oli oletetun kaltainen. Fotoni iskeytyi taaimmaiseen levyyn niinkuin pitikin. Mutta kun levyyn tehtiin toinen reikä niin fotoni ei enää iskeytynytkään takalevyyn vaan se hävisi vähän ennen reikälevyä ja sen jälkeen mitattavissa oli ainoastaa energia aaltoja. Ensimmäinen toteamus: Fotoni jota pidettiin atomitasot materiana voikin ottaa noin vain energia muodon. Toinen toteamus: Mistä fotoni tiesi siellä olevan toisenkin reiän. Koska kokeen suorittaja tiesi sen. Siis materia on samalla kertaa energiaa ja ihminen voi tiedollaan uskomuksellaan vaikuttaa materiaan ja energiaan.

Tämä koe voidaan kääntää myös toisin. Kulunut sanonta on, kaikki on energiaa. Näin todella on kaikki on energiaa. Tämä tyhjä avaruus on täynnä energiaa, joka sykkii ja on elävää. Tiedemiehet nimittävät sitä pimeäksi energiaksi se jo myönnetään ja tiedetään siellä olevan, mutta sitä ei pystytä mittaamaan eikä näkemään koska se toimii alueella, jota silmä ei havaitse. Täällä mittalaitteet ovat rakennettu mittaamaan radio-,tv- ja kännykkäaaltojen kaltaisia energioita. Tämä elävä viisas energia, matrix, elävä tietokone miksi sitä nyt kutsutaakin ei ole mitattavissa. Kun sanotaan sen sykkivän, se tarkoittaa että siellä energiatajuudet muuttuvat koko ajan ylös ja alas. Kun edellisessä kokeessa fotoni muutettiin energiaksi, niin nyt muutetaan sykkivästä energiasta paikallaan pysyväksi fotoniksi. Lukitaan joku taajuus muuttavasta tajuudesta ja siitä tulee niin sanottu seisova aalto ja se muutetaan fotoniksi niin saadaan materiaksi kutsuttu vaikutema. Eli on fotoni jonka taajuus on pysyvä ja se käyttäytyy kuin materiaksi kutsuttu aine. Tähän tietokoneeseen on ohjelmoitu niin että määrätty taajuus muutettuna materiaksi antaa aina saman tuloksen. Meillä on käytössä ns. alkuaineet. Jokaisella alkuaineella on oma värähtelytajuus. Ja ne ovat jakamattomia. Ne on laitettu yhteen sellaisella voimalla ettei niitä pitäisi pystyä täällä materia puolella hajottamaan, mutta sitäkin on jo tehty. Siis kun energiaa muutetaan tälle tasolle nähtäväksi, niin se täytyy pysäyttää yhdeksi tajuudeksi ja silloin se voi myös ilmetä, käyttäytyä ja näkyä niinkuin ymmärrämme materian olevan. Täytyy muistaa energia ja aine on saman asian eri ilmenemis muotoja. Aina kun energia, jota ei voi jakaa eikä paloitella, muutetaan aineeksi se tehdään joka tasolla samalla periaatteella. Siinä energia ottaa atomisen ilmenemismuodon. Eri tasoilla atomin värähtelytaajuudet vastaavat sen tason yleistä oktaavia. Atomista muotoa on verrattu aurinkokuntaan ytimineen ja kiertävine elektroidineen.

Sillä tavalla ääretön viisaus rakentaa energia järjestelmän ns. maailman, jonka me silmiemme välityksellä koemme sen niinkuin koemme. Sille miten tämä maailma meille rakennetaan on olemassa oma ohjelma. Niinkuin arkkitehdilla tai suunnittelijalle on cat ohjelma, niin maailman arkkitehdillä on ohjelma, jota kutsutaan pyhäksi geometriaksi. Ja siinä on kuvio nimeltä elämän kukka, joka sisältää kaiken mitä tarvitaan maailman rakentamiseksi. Eli täällä ei mikään ole todellista vaan energia projektio. Luulemme että näemme koko maailman mutta silmämme välittää meille värähtelynkaistan joka on 1cm levyinen kun taas koko värähtely kaista on ääretön. Eli kaikki, mikä on tämän sentin levysen kaistan ulkopuolella on meille näkymätöntä. Tämä maailma minkä nyt koemme on niin sanotusti dualistinen. Sen jälkeen kun Eeva söi omenan niin silmät avautuivat ja olemme voineet tiedostaa sekä verrata eri vaihtoehtoja. Eli on hyvä ja paha, kaunis ja ruma, kuuma ja kylmä jne. Tiedät varmaan idean. Näiden välillä on sitten lukematon määrä välimuotoja haalea ja viileä jne. Tässä maailmassa ääripäät on rakkaus ja pelko. Kaikki päätökset tai valinnat teemme joko pelosta tai rakkaudesta. Näistä tämä maailma on muodostunut. On olemassa keskikohta, joka jakaa päätökset. Kaikki mitkä tuottavat negatiivista lopputulosta, ovat pelosta. Kaikki tunteet ovat myös energiaa ja pelko on alhaisin. Pyyteetön rakkaus on 500 ja sen yläpuolella oleva energia on rakkauden värähtelytaajuus. Esittelen nyt erään taulukon mitä voimme tarvita myöhemminkin. Siinä on asteikko eri tunteille. Nämä luvut eivät edusta suoraan mitään taajuuta vaan se on asteikko 0-1000. Siinä tietysti 500 on puoliväli mistä ylöspäin ollaan rakkauden puolella.

OMEGA

ÄÄRIMMÄINEN TIETOISUUS

50000	Arkkienkelit
1000	Jeesus
700	Kiitollisuus
540	Ilo
500	Rakkaus
400	aterve järki
350	Hyväksyminen
200	Rohkeus
175	Ylpeys
150	Viha
125	Halu
100	Pelko
75	Suru
50	Apatia
30	Syyllisyys
20	Häpeä

ALFA

Eli tällä asteikolla ollaan alle 500 lukemissa toimimassa egosta eli minästä käsin. 500 ja yli ollaan henkisellä puolella. Kuuluisa kirjailija ja psykiatri tri David R Hawkins on todennut, että 85 % ihmisistä toimii luvun 200 alapuolella. Kun toimit ja toteutat elämääsi alle 500, siitä seuraa monta asiaa, ja sitähän suurin osa meistä tekee. Tämä listahan on vajavainen sillä siitä puuttuu paljon asioita ja etenkin 500 yläpuolelta mutta ymmärrät varmaan idean. Yksi tärkeimmistä mikä puuttuvista on toisen arvosteleminen. En tiedä mihin se sijoittuu asteikolla, mutta alapäähän ilmeisestikin. Arvosteleminen on nykyään niin yleistä ja turhaa. Jokainen elää omaa elämää ja tekee parhaita päätöksiä omalta näkökannaltaan.Kuinka joku voi niitä arvostella tietämättä taustoja. Jokainen meistä on syntynyt tänne kokemaan omia juttujaan ja selviämään niistä parhaimmalla ymmärryksellä ,joka on sillä hetkellä käytettävissä. Ensinnäkin se on negatiivista toimintaa ,joka saa arvostelijan toimimaan negatiivisella tunnealueella. Niin ollen siitä jää negatiivinen energiajälki tähän edellä mainittuun suodattimeen. Se lähettää negatiivistä energiaa arvostelun kohteeseen. Sanotaan nyt vaikka, että arvostelun kohteena on ollut vaate, kulutus tavara tai auto jne. Niin seuraavan kerran kun itse haluat hankkia vastaavaa tavaraa niin suodattimen ja alitajunnan kautta menevä halu kohtaa vastustusta, koska se muistuttaa sinua kuinka turhaksi ja epäviisaaksi tämä hankinta voi tulla. Täytyy vielä sanoa ja tulen varmaan sanomaan, kaikki vaikuttaa kaikkeen. Kun haluaisit jotain, mitä et voi saada, niin taustalla on aina vastaavanlaisia energiakuvioita, sinun kuuluisi saada se, mikä oikeasti tuottaa sinulle iloa.

Tämä maailma, jota nyt elämme on rakennettu pelolla. Ja sitä hallitaan pelolla, joka tapahtuu egon johdatuksessa. Ego toimii kehon ohjelmassa. Se on ohjelma joka kerää tietonsa tarinasta ja siitä tulee se, joka koet olevasi. Sinä olet tarina, joka rakentuu menneisyyden muistoista ja tulevaisuuden odotuksista. Kuten aiemmin kerroin, tallennat tietoa, tarkailet ympäristöä, teet huomioita ja kun olet tarpeeksi kerännyt tietoa myös tähän ego ohjelmaan, se ottaa sinusta otteen ja vaikuttaa elämääsi. Kun se on kehon ohjelma, niin siinäkin on ensimmäisenä hengissä pysyminen. Ja se tekee kaikkensa ettet löytäisi ulos sen tekemästä labyrintistä. Sillä se tietää, että jos löydät sieltä ulos, se on egon kuolema. Siksi se rakentaa sinulle labyrintin, josta on vaikea osata ulos muttei mahdotonta. Ego näyttää sinulle upeita tulevaisuuden näkymiä mitä tavoitella ja saavuttaa. Mutta aina tulee uusia käytäviä ja tavoite siirtyy eteenpäin. Jos sen saavuttaa, niin se on kuin vuorelle kiipeäminen. Juuri kun luulit tulleesi huipulle, huomaatkin siellä olevan vielä korkeampi paikka. Niin ego pitää sinut kiireessä harhailemassa stressissä ettet kerkeäisi miettiä mitään muuta. Niinkuin jo sana ego ymmärretään, merkitsee se "kaikki mulle muille ei mitään". Seikkailu egon labyrintissä on kärsimystä. Kaikki mikä on egosta lähtöisin, on pelosta lähtenyt ja sillä hallitaan ja pidetään otteessa. Eli silloin kaikki on negatiivista energiaa.

Toisaalta ego on käyttöväline niinkuin kaikki eri kehomme. Ego aiheuttaa kärsimystä, se on sen tehtävä karmanvartiana. Se aiheuttaa kärsimystä koska ilman sitä ei edistystä eikä oppimista tapahdu. Se heittelee sinulle ajatuksia ja johdattelee tilanteisiin, joissa joudut tekemään valintoja sekä oppimaan niiden seurauksista.

Egosta peräisin oleva on pelkoa ja negatiivista. Sen sijaan rakkaus on positiivista että Jumalasta. Niin siitä voimme vetää johtopäätöksen, että jos joku on syntiä niin elämä egosta on syntiä. Ja sen palkka on kärsimys. Kun puhutaan perisynnistä niin tämä elämä ja sen asenteet ja käytösmallit on peritty vanhemmilta ja isovanhemmilta eli olemme perineet synnin. Sen verran raamatusta. Sieltä olisi paljon ammennettavaa ja selitettävää uudesta näkökulmasta, mutta ehkä toisessa kirjassa.

Niin tämä elämä on pelolla rakennettu ja pelolla hallitaan. Elämä on sitä, että rakennamme tulevaisuuden uhkakuvia, jotka toteutuu tai ei. Murehdimme etukäteen mitä kaikkea se tuo tullessaan. Syyllistämme itseämme menneisyyden tapahtumilla, joita olemme tehneet tai jättäneet tekemättä. Kaikki tämä aiheuttaa stressiä. Tämä sopii hyvin egolle. Puhuttu kieli on keksitty egon tarpeista. Toisaalta on sanottu kielen keksityn sen takia, että voi kätkeä todelliset ajatukset. Voit sanoa jotain positiivista hymyssä suin ja kirkkain silmin, mutta ajatella mielessäsi jotain todella negatiivista. Sopii egon toimintamalliin. Nykyaikana koko maailman meno on egosta lähtöisin olevaa ja aina syvemmälle menee. Se toinen tarkoitus kielelle on eri vaihtoehtojen puhuminen. Mediassa tämä näkyy hyvin. Ennen esim vaaleja, suuria tapahtumia, urheilukilpailuja on ainakin parin tunnin ennakkolähetys, jossa asian- tuntijat ruotivat mitä on odotettavissa ja mitä voi tapahtua. Jälkeenpäin on lähetykset siitä mitä tapahtui tai olisi pitänyt tapahtua muttei kuitenkaan tapahtunut. Kuin suoraan egon oppikirjasta. Egolla on oma tehtävänsä ja tarkoituksensa. Sen käyttämät keinot voivat kuullostaa ja tuntua kovilta. Sen takia olisi tiedettävä ja ymmärrettävä pyrkiä pois tästä kierteestä. Mitä enemmän ja syvemmällä olet egon otteessa, sen hurjempaa meno on.

Elämän taikaa

Nykyään kaikki on some maailmassa. Siellä jaetaan kaikki tapahtumat ja tunteet. Kun ei jaksa syventyä ratkomaan omia ongelmia, niin annetaan ohjeita toisille. Puhelimia näppäillään joka paikassa ja jos ei ole puhelinta jostain syystä mukana, niin ollaan hukassa. Tavaroita, ruokaa , juomaa jne myydään tarinoilla. Täytyy olla hyvä tarina, johon voi samaistua. Kun joku keksii turhakkeen, niin kaikki on tekemässä sitä joka paikassa esim selfie. Ote elämään käy yhä pinnallisemmaksi kun sen pitäisi kääntyä sisäänpäin ja syvemmälle. Muutos on pakko saada aikaan. Olemme jo jonkun verran eläneet valon aikaa. On jätetty taakse pimeyden aika. Osa odottaa jo innolla tulevaa kultaista aikaa. Mutta se ei tule itsekseen. On kaksi tapaa, vapaaehtoisuus tai mullistusten tie. Kun vapaaehtoisuuden tien aika alkaa loppumaan niin mitä jää jäljelle. Moni on sanonut, että sairaus tai onnettomuus on ollut suurin siunaus mitä heille on tapahtunut. Sen jälkeen on avautunut aivan uusi elämä ja kenties uusi toiveammatti mihin ei olisi muuten tehnyt tarvittavaa muutosta ellei jotain olisi sattunut. Vaikka olisi mielessä ollut jotain sensuuntaista, niin hypätä pois siitä turvalliseksi käyneestä epätyydyttävästä elämästä oli liian pelottavaa. Siinä tulee egokin mukaan sanoilla" ethän sinä voi millään siinä onnistua,ajattele nyt mikä kaikki voi mennä pieleen" ja mieleesi nousee kaikenlaisia uhkakuvia. Voihan se olla hyväkin idea mutta yritä uudestaan ensi vuonna kun tämä ja tuo asia ei ole häiritsemässä. Miksei kaikille sairastuneille ja onnettomuudessa oleille käy samoin. Koska toisen näkevät siinä olevan mahdollisuuden ja otavat vastuun tapahtuneesta, joka on seurausta sekä omista valinnoista että teoista. Toiset kokevat sen rangaistuksena mitä eivät ole ansainneet. Ei ole olemassa ketään, joka huvikseen rankaisisi meitä. Kun tapahtuu jokin katasrofi kysytään missä olit Jumala kuinka saatoit antaa tämän tapahtua. Siinä siirretään vastuu itseltä Jumalalle. Eihän se voi olla niin että teemme hölmöjä huonoja ja päättömiä tekoja vastoin parempaa tietoamme ja joku aina pelastaa meidät.

Tiedettä mukaan

Välillä vähän tiedettä ettei käy yksitoikkoiseksesi. Olen varmaan useampaan kertaan todennut kaiken olevan harhaa. Siitä vähän lisää. Jos kaikki on energiaa ja materiaa niin miten näemme kaiken niinkuin näemme.

Ensinnnäkin atomiteorian kehittäjä ja luoja saksalainen fyysikko Max Plack s.1858 on sanonut:" Ihmisenä, joka on koko ikänsä tutkinut vakavasti tiedettä täytyy sanoa , ettei materiaa esiinny siinä muodossa kuin oletamme. Kaikki materia järjestäytyy ja ilmennee ainoastaan voiman vaikutuksesta. Meidän täytyy olettaa, että tämän voiman takana ilmenee tietoisuus ja älykäs mieli. Tämä mieli on matrix. Usko on koodi joka kääntää näkymättömät energia aallot matrixista näkyväksi materiaksi".

Albert Einstein oli tätä nk. quamtum fysiikkaa vastaan ja piti sitä aluksi huuhaana. Tässä hänen toteamuksiaan:" Ihminen on sivullinen vierestä katsoja, joka ei voi ymmärtää universumia kuin vähän pinnallisesti. Ja haluan että kuu on taivaalla myöskin silloin kun en katso sitä".

Tiedemies ja Eisteinin työtoveri John Wheeler oli aivan toista mieltä:" Me olemme osa universumia, joka on muotoutumassa ja olemme pienenä palasena universumissa etsimässä itseämme ja rakentamassa maailmankaikkeutta".

Myöhemmin Einstein muutti suhtautumistaan tieteeseen ja sanoi:" Jokainen joka on vakavasti mukana tieteessä vakuuttuu että on olemassa henki joka ilmentää itsensä universumin lakien kautta ja on huomattavasti ylivoimaisempi kuin ihminen".

Täytyy vielä palata kokeeseen jossa fotonia ammuttiin metallilevyn läpi ja jossa ensin oli yksi aukko ja sitten kaksi. Silloin kun oli kaksi aukkoa ja fotoni otti energian muodon, se teki näin kun sitä ei katsottu. Mutta jos sitä katsottiin,niin se käyttäytyi kuin materia. Eli iskeytyi takana olevaan levyyn materiana jommasta kummasta reiästä. Vielä yksi lisäys joka selventää asioita. Kun fotoni ammuttiin ja tekijä oli silmät kiinni ja avasi ne juuri ennenkuin fotoni meni aukon läpi, se käyttäytyi kuin materia. Mitä tästä voimme päätellä. Jos tekijä ei olisi aukaissut silmiään, niin fotoni olisi mennyt tausta levyyn energiana. Nyt kun silmät aukaistiin vasta juuri ennen aukon läpimenoa, fotoni ei voinut sitä tietää laukaistessa. Kun kuitenkin näin tapahtui se muuttui materiaksi mutta se ei tehnyt sitä matkalla vaan se muutti menneisyyttä ja lähti jo ammuttaessa materiana.

Nykyään tiedemiehet, jotka tutkivat quamtum fysiikkaa toteavat, että ellei ole ketään, joka havannoi ei ole olemassa mitään.

Tästä siis johtui Einsteinin lausunto."Haluan että kuu on paikallaan vaikkei sitä katsota".

Jos tämä fotoni joka on kokeessa otetaan sormiemme väliin ja pudotetaan aaltoilevaan energiaan, niin kuinka löydämme sen uudestaan? Kun kohdistamme huomiomme tähän aaltoilevaan energiaan etsien sitä fotonia niin se tunnistaa tämän ja ottaa energian muodon ja se on kuin piikki aaltoilevassa energiavirrassa.

Tästä johtuu että maailma millaisena sen näemme, muotoutuu kun kohdistamme tähän aaltoilevaan tajunnan mereen odotuksemme ja uskomuksemme millaisena maailman koemme.

Vielä yksi selvennys: Jos laitamme kaksi samanlailla viritettynä olevaa kitaraa vierekkäin ja näppäilemme toisen kitaran kieltä niin myös toisen kitaran sama kieli alkaa väreillä. Se on viritetty samalle taajuudelle ja siksi resonoi samalla taajuudella. Samalla tavalla sinä kehona edustat paikallaan olevaa taajuutta ja lähetät sen sydämelläsi, joka on yhteydessä tajunnan mereen ja lukitset sieltä vastaavan taajuuden ja muutat sen materiaksi. Täytyy tässä yhteydessä jo sanoa, kun kehityt ja värähtelytaajuutesi muuttuu, niin muutat myös maailmaa. Niinkuin aikaisemmin totesin, tässä tajunnan meressä, matrixissa, universsalissa viisaudessa miten vain sitä kutsumme on kaikki mahdolliset kohtalot ja elämänpolut jotka sitten voit valita itsellesi värähtelytaajuuttasi vastaavaksi.

Miksi kaikki näemme maailman suurinpiirtein samanlaisena. Aikaisemmin jo totesin, että emme koskaan näe maailmaa sellaisena kuin se on johtuen filttereistä, joka suodattaa näkemämme sellaiseksi kun uskomme sen olevan. Se johtuu siitä, että elämme holografisessa maailmassa mikä tarkoittaa ensin on yksi iso kuva mikä pirstotaan moneen pieneen palaseen ja jokaisessa pikku palasessa on se sama alkuperäinen kuva. Jos jossain palasessa tapahtuu muutos, se on samantien kaikissa muissakin. Me olemme kukin yksi palanen ja edustamme siinä sitä taajuutta jota värähtelemme ulospäin sydämellämme ja kun meissä tapahtuu muutos, se ilmenee kaikissa muissakin.

Jos ajatellaan, että yhdessä pienessä palasessa olet sinä, niin silloin sinä olet kaikissa palasissa ja myöskin siinä isossa alkuperäisessä palasessa. Ja siitä seuraa ettei täällä ole muita kuin sinä.

Niinkuin voi sanoa, sinä et voi olla olematta täällä ja ei voi olla olematta mitään.

Täytyy kuitenkin todeta ettei tämä kokonaisuuden palanen, joka olet sinä tarkoita kehoa ja kehon ohjelmia sekä egoa vaan ne on ne, jotka erottaa sinut konaisuudesta sekä hengestä. Vaan se pieni kokonaisuuden siru on se tietoisuus joka on sinut rakentanut. Tämä on ymmärrettävä niin, että pienessä palasessa sinulla on tiedostamaton alitajunta. Se on meille kaikille yhteinen ja sitä kautta näemme maailman suhtkoht samanlaisena. Mielenohjelma ja huomion kohdistaminen siihen, luo tunteen erillisyydestä ja erottaa meidät kaikkeudesta. Ei tarvitse muuta kuin ymmärtää mitä sinä et ole ja irtaantua mielen ohjelmasta sekä erillisyydestä.

Luin vähän aikaan sitten Gary Reynardin kirjoittaman kirjan. Kun maailmankaikkeus katoaa. Siinä kerrottiin että, kun viimeinen täältä lähtee pois niin maailmankaikkeus katoaa. Ihmettelin silloin kuinka se oikein tapahtuu. Ensinnäkin kuinka täältä pääsee pois. Silloin kun lakkaat uskomasta tähän harhaan eli et enää seikkaile egon labyrintissa ja mielen ohjelmissa. Erillään olon harha loppuu. Niinkuin aikaisemmin on todettu, näet ja koet sen mihin uskot. Eikä se uskominen ole sitä mitä mielessäsi sanot uskovasi. Vaan mitä alitajunnassasi uskot olevasi. Kuitenkin et varmuudella tiedä itsekkään mihin uskot sillä se on alitajuntasi ohjelmoinnissa eli mitä olet sinne tallentanut. Mutta niitä voidaan muuttaa ja uudelleen ohjelmoida. Voit itsekin joskus ihmetellä miksi reagoit määrättyihin asioihin niinkuin reagoit. Se johtuu lapsena tallennetuista ohjelmista joiden johdosta reagoit niinkuin teet. Näistä reaktioista sinut tunnetaan ja ne määrittelee minkälaisena ihmisenä toverisi sinut näkevät. Suutut, loukkaannut, puolustaudut, hyökkäät jne. negatiiviselta puolelta. Tai olet ymmärtäväinen, auttavainen aina tukemassa sen tarpeessa olevia. Näistä ominaisuuksista sinut tunnetaan ja sinä itsekin luulet olevasi sellaiseksi syntynyt. Jos teet näitä asioita tiedostamatta, niin toistat opittua ohjelmaa ja luulet olevasi sellainen etkä siitä muutu kuin ajan kanssa. Sillä kaikki muuttuvat iän myötä kun kokemuksia tulee lisää. Voit kuitenkin muuttaa itseäsi tietoisesti. Jos sinulla on ominaisuuksia, joista haluaisit päästä eroon, niin se on mahdollista. Niinkuin sanottu et ole syntynyt määrätyn laiseksi vaan olet ohjelmoitu.

Kun suutut ja loukkaannut jostain asioista ja haluaisit päästä siitä eroon niin seuraavan kerran kun tilanne tulee eteen niin ensi reaktion sijasta mietitkin pitääkö minun loukkaantua. Mitä loukkaantuminen oikestaan on ? Hän, joka teon tai sanat sanoo, niin ei ehkä tarkoita loukata sinua.Se miten sinä reagoit siihen on tärkeää, sillä kukaan ei voi sinua loukata ellet itse niin halua. Onhan tietysti tapauksia, että joku haluaa tahallisesti provosoida ja saada sinut suuttumaan, silloin on arvioitava tilanne niin ettei se mene alistumisen puolelle.

Lisää maailmankaikkeuden katoamiseen. Kuten äsken totesimme, jos energiaan ei kohdisteta huomiota se pysyy energiana. Kun kohdistat määrätyn uskomuksen millaisen uskot maailmakaikkeuden olevan, niin lähetät määrätyn taajuuden ja tämä taajuus muuttuu materiaksi resonoinnin kautta. Niinkuin totesimme kahden kitaran jutussa . Kun uskot, lähetät kohdistuksen määrättyyn taajuuteen tajunnanmeressä ja se taajuus muuttuu todeksi sekä kokemuksiksi tällä tasolla. Niinkuin aikaisemmin oli puhetta elämme quamtun tietokoneessa tai sen tekemässä simulaatiossa. Meillä täällä tietokone toimii 0 ja 1 yhdistelmillä. Quamtum simulaatio toimii atomeilla. Solukalvo toimii prosessorina, siinä on portteja ja aukkoja, aivan kuin tietokone sirussa. DNA toimii kovalevynä mihin kaikki tieto on tallennettu. Auringosta tulevat fotonit toimivat tiedon välittäjinä ja ne päivittävät DNA:n tietokannan.Auringossa on tämän aurinkokunnan viisaus ja siellä asuu ensimmäiset, jotka ovat ottaneet kehollisen muodon aikojen alussa. DNA imee fotoneja. Aivot ovat tiedon käyttäjä. Aivot lähettävät tietoa aisteista ja henkisestä maailmasta soluille, jotka prosessoivat tiedon ja lähettävät palautteen takaisin.

Eli kun kohdistat huomiosi energiaan niin atominen materia ilmestyy havaittavaksi ja nähtäväksi. Niin kauan kuin täällä on yksikin joka sen kohdistuksen tekee, atominen maailma ilmenee. Kun ei ole enää ketään kohdistamassa huomiotaan ja kokemassa materiaa se ei enää yksinkertaisesti ilmene. Se mitä aloin miettiä kun puhutaan tulevasta kultaisesta ajasta niin onko se enää tällä tasolla ollenkaan.

Täältä poispääseminen ei ole ollut helppoa. Tietä valaistumiseen on etsitty kaikenlaisilla menetelmillä eikä kai vähiten uskonnon avulla. Henkinen tie on ollut yksi mahdollisuus kehittyä ihmisenä mutta en ole kuullut monenkaan saavuttavan lopullista vaupautumista egon otteesta. Ainakin se on taannut yksilöllisen kehityksen eikä puristamista samaan muottiin niinkuin uskonnolliset liikkeet tekevät. Jos olet jonkun lahkon jäsen sinun on hyväksyttävä sen säännöt ja opit. Yleensä ne kieltävät paljon luonnollisia asioita. Kun joku tuo jotain muuta esille heti vedetään paholaiskortti esille, se on paholaisen asialla.

Ja täältähän pitää päästä pois. Eihän se ole tarkoitus jäädä iäisyydeksi tänne pyörimään. Eläminen egon maailmassa on kärsimistä ja kuka haluaa kärsiä loputtomasti. Jossain vaiheessa tulee raja vastaan ja alat ajatella eikö täällä todellakaan ole mitään muuta. Tämä on nähty ja koettu niin moneen kertaan.

Ego haluaa kaikin keinoin pitää sinut otteessaan. Kuten aikaisemmin on todettu, kun vapaudut niin se on egon kuolema ja hengissä pysyminen on sen ykkösasia. Aina kun arvostelet, turhaudut kiukustut yms teet egon ohjelmasta tärkeän. Egon on tarkoitus saada sinut reagoimaan järjestämällä ongelmia. Tuntemaan vihaa, huonoa omatuntoa, syyllisyyttä, kyllästymistä, yksinäisyyttä. Näin se saa sinut pysymään ohjelmassa. Kun ratkot ja pohdit näitä ongelmia ja kun tuomitset jotain teet egosta arvokkaamman.

Maailman meininki

Se,mikä muodostaa tämän maailman ja se tapahtumat, ovat yhteisvaikutus kaikista sen osasista. Ei niin että siihen vaikuttavat jokainen ajatuksemme. Se vaikuttaa vain siihen mitä itse koet yksilötasolla. Mutta sitten on yleismaailmallinen taso ja siihen vaikuttaa se mitä lähetämme ulos sydämestämme. Aikaisemmin oppimamme perusteella ja kohdistamalla huomiomme energiaan saamme sitä taajuutta vastaavan todellisuuden. Emme siis voi saada mitään muuta kuin haluamme. Mitä matalampi taajuus sen ikävämpiä asioita ja mitä korkeampi taajuus sen mukavampia asioita. Kun nyt ajattelee tämän hetken maailman laajuisia tapahtumia isis, levottumuudet, pakolaiset jne. Niin mielemme ovat aivan sekaisin eikä ole tietoakaan minne mennä. Nyt on tultu siihen pisteeseen, että todellinen elämän tarkoitus on löydettävä. Eikä se ole mitään turhanpäiväisten muoti-ilmiöiden perässä juoksemista ja aina vain erikoisempien ja suurempien kokemuksien hakemista itselle. Itsen kohottamista ja koristamista kuin juhannussalko. Ihmiset lentää kuin varpusparvi jokainen eri suuntaan etsien itselleen sisältöä ja kokemuksia, jotka tuntuisivat jossain ja antaisivat jonkunlaista tyydytystä. Sen pitäisi olla yhteen hiileen puhaltamista, myötätuntoa lähimmäistä kohtaan sekä tukemista yhteisen hyvänolon puolesta.

Isis on pahinta mitä voi ilmentyä. Voitko olla sellaisen tulevaisuuden puolesta mitä järjestö edustaa? Kuitenkin on ihmisiä, joiden ajatusmaailma sallii tämänlaisen tulevaisuuden. Niinkuin sanoin täällä ei voi ilmetä mitään vahingossa koska mikään ei todennu ellei siihen kohdisteta huomiota. Tämän hetkiset tapahtumat ovat seurausta siitä ettei muutosta ja oikeata suuntaa ole löydetty ja tehty vapaaehtoista korjausta. Toinen vaihtoehto on katasrofien kautta. Jos on annettu tarpeeksi monta kertaa mahdollisuus mennä oikeasta ovesta ja aina on valittu väärä ovi, siellä on ehkä ollut hauskemmat puitteet niin lopulta vääriin oviin laitetaan lasit. Jos sitten yrität nopeasti vauhdilla mennä sisään enempää ajattelematta törmäät lasiin ja lennät selällesi maahan pää veressä niin alat ajatella olisiko pitänyt valita toisin.

Ja nyt se muutos tulee tapahtumaan. Ei niin kuin olisi ollut suotavaa mutta kuitenkin. Olemme niin väärillä raiteilla kun olla voi. Ihmisen arki menee kaikkien vaikeuksien ja huolien voittamiseen mitä ego keksii. Tässä on myös määrätyt maanpäälliset tahot olleet vaikeuttamassa oikeiden valintojen löytymistä.Työssä on käytävä, rahaa ansaittava ja perhe pidettävä tyytyväisenä jos sellainen on. Kun olemme stressin puolella mieleemme ei tule yhtään ajatusta henkiseltä puoleltasi. Tässä on nyt pääosin puhuttu egon talutus nuorassa elämisestä, mutta niinkuin todettiin 85 % elää alle lukeman 200 alapuolella ja siitä on vielä pitkä matka lukuun 500. Kaikki me,jotka täällä vielä olemme, olemme jossain määrin kiinni egossa. Aina kun toimit luvun 500 alapuolella olet enemmän tai vähemmän stressitilassa. Stressi edistää sairastumista(lue on kaikkien sairauksien alku) ja estää henkisten virtauksien pääsyn tajuntaasi. Tämän tietävät muutkin ja käyttävät sitä hyväkseen ja jarruttavat kehitystä. Ne ovat tietysti niitä, jotka hyötyvät siitä että työskentelet kiltisti kyseenalaistamatta mitään ja tuotat vaurautta muutamille. Heille, joilla on media ja muut mahdollisuudet vaikuttaa maailman tapahtumiin. Mediassa ja tapahtumilla aiheutetaan pelkoa ja epävarmuutta kansalaisissa ja heillä ole ole aikaa eikä mahdollisuutta miettiä mitään muutoksia vallitsevaan tilanteeseen.

Nyt on tulossa sellainen sukupolvi joka voi muutoksen aiheuttaa. Sillä he ovat niin juurettomia ja vailla päämäärää, että se ajaa barrikaaleille. Tähän asti lapset ovat pääosin kasvananeet kotona. Siellä on leimauduttu perheeseen, sukuun ja heimoon. Siellä on saatu rakkautta, huolenpitoa ja auttavaisuutta. On saatu tukea ja turvaa. Kun seitsemän ensimmäistä vuotta tallennat kaiken alitajuntaasi, niin se on koko terveen elämäsi perusta. Ja se on ensimmäisen chakran valmistumisaika. Nyt pienet lapset jo vauvaiässä viedään päivähoitoon aamuvarhain ja haetaan illan pimetessä. Isovanhempia nähdään ties milloin. Kuinka tämä heimo tieto ja leimaantuminen voi toimia. Ei ole enää varmuutta siitä mihin kuulutaan ja mistä etsiä turvaa. Televisio korvaa illalla yhteistä aikaa. Sieltä näkee tehtyjä ja suuniteltuja murhia kymeniä ellei satoja viikossa. Ihmisiä kidutetaan ja pahoinpidellään vähän joka sarjassa ja lapset eivät voi olla niitä näkemättä. Jopa lapsille suunnatut piirretyt ovat väkivaltaa täynnä. Tämmöistä ei ole ollut aikaisempien sukupolvien kohdalla. Aiemmin on pidetty yhteyttä ja vietetty aikaa sukulaisten kesken.

Ihminen rakentuu aikuiseksi määrätyllä tavalla. Jos se ei tapahdu oikein, ei voi tulla tasapainoista onnellista aikuista. Kaikistahan tulee aikuisia mutta minkälaisia. Sinä olet syntymäsi jälkeen tyhjä egon ohjelma, joka lataa tietoja toimiakseen. Ohjelma on ohjelma, joka ei tee mitään ilman tietoja. Sinun maallinen puoliskosi lähtee tyhjästä keräämään tietoja kuinka tässä maailmassa toimitaan. Henkinen osaamisesi tulee tietoisuuden mukana joka lopulta tekee sinusta sellaisen kuin olet. Hedelmöittyminen, kehittyminen vatsassa ja syntyminen on sinun maallinen puolesi ja osuutesi. Sitten siihen liitetään tietoisuus, joka lopulta muovaa sinut sen mukaan mitä tuot edellisistä elämämistäsi mukana tähän elämään. Tietoisuus muovaa ne lopulliset geenit, jotka tarvitaan että sinusta tulee ainutkertainen keho. Niin kehollisesti kuin henkisesti. Tietoisuus pitää sinut kasassa. Syy minkä takia kerroin tämän on, että se vaikuttaa myös tähän lapsuuden aikaiseen kehittymiseen. Mitä enemmän sinulla on mukana henkistä tietämystä ja pääomaa sitä vähemmän olet riippuvainen alkutaipaleen fyysisistä kokemuksista.

Olen tainnut aikaisemminkin mainita, että kaikki vaikuttaa kaikkeen. Pienimmätkin valinnat ja teot. Mutta nyt popsahti mieleeni siinä tarkoituksessa, että kun ostat jonkun tuotteen, niin vaikutat kaikkien niiden elämään joilla on jonkinlainen energia sidos siihen. Kuten suunnittelija, sekä ihmiset valmistuksessa, markkinoinnissa jne.. Kaikilla joilla on jonkinlainen energiasidos kyseiseen tuotteeseen. Saatikka jos on kyse käytetystä tavarasta ja vielä vaatteesta, joka on ollut kehossa kiinni. Minulla on aina ollut torjuva asenne käytettyihin vaatteisiin. Vaikka on sanottu, että onhan se puhdas ja pesty. Fyysisen lian voi pestä pois, muttei siihen tarttunutta energiaa. Onhan olemassa ihmisiä, jotka voivat kertoa tavaran omistajista kaikenlaisia asioita. Tavaran voi paloitella osiin, mutta siinä olevaa energiaa ei voi paloitelle eikä hukata. Sillä energia on yhtenäistä aaltoliikettä, joka on ikuista ja kaikki on lopulta energiaa.

Muutoksia

Miten sitten muuttaa asioita. Ensin täytyy tietysti kokea pieni herätys. Haluta asioiden muuttavan. Sillä ilman halua ei synny mitään. Muutenkin se, mitä tunnet olevasi, on vaikeata muuttaa. Ensinnäkin koska mieli on sen tulosta, mitä aivot tekevät ja siihen vaikuttaa alitajunnan ohjelmat joihin et helposti pääse käsiksi. Se lähettää jatkuvaa tietovirtaa mielesi kuvaruudulle ja sen mukaan sinä koet kuka sinä olet. Toiseksi elät koko ajan menneisyydessä. Ajattelet 50-70 tuhatta ajatusta päivässä ja 90 % ajatuksista on samoja mitä ajattelit edellispäivänä. Kun ajatukset ovat samoja kuin edellispäivänä, niin se johtaa samoihin valintoihin, valinnat johtavat samoihin käytöksiin,jotka johtavat samoihin kokemuksiin, ne johtavat samoihin tunteisiin ja ne puolestaan samoihin ajatuksiin mistä kehä alkaa taas uudestaan Kun tämä kehä kiertää jatkuvasti niin toive, että jotain uutta tapahtuisi, on häviävän pieni. Sen takia tarvitaan jonkinlainen herätys. Juuri tänä aikana tarvitaan herätyksiä. Ja niitähän tulee. Sairauksia enenemässä määrin, luonnon katastroffeja, pakolaisvirtoja jne. Kaikki ne laittaa ajattelemaan asioita uudelta kannalta kun tuttu ja turvallinen elämä haastetaan. Tänä valon aikakautena, joka on alkanut, ei enää riitä että eletään niinkuin ennen. Näin vain on ettei mikään muutu jos siihen ei ole todella painavaa syytä.

Maailmankaikkeuden vaihtelut

Tämä taso tai maailma miksi me sen koemme, ei ole sinällään ainutkertainen. Kaikki noudattaa samoja lakeja. Niinkuin ihminen hengittää sisään ja ulos, niin tekevät myös solut, luonto eli maapallo, vuodenajanvaihtelut ja myös linnurata sekä aurinko siiinä. Ajat vain ovat erilaiset. Solun hyvin nopeasta auringon yli 25920 vuoden kiertoon. Tämän tason eli maailman ilmentyminen on neljäs. Kaikkiaan tulee olemaan seitsemän. Nyt elämme vielä uloshengityksen aikaa. Tiedekin on todennut, että maailmankaikkeus laajenee kiihtyvällä vauhdilla. Se laajenee niin kauan kuin energian määrä kasvaa. Kehot koko ajan muuntavat energiaan ylemmältä tasolta tälle tasolle. Kun väestön ja energia virtauksen määrä lähtee laskuun myös maailmankaikkeuden laajeneminen pysähtyy. Sitten jossain vaiheessa kaikki ikäänkuin imaistaan takaisin ylemmälle tasolle ja tehdään uudet suunnitelmat seuraavaa uloshengitystä varten

Kun uusi maailmakausi käynnistyy ensin on vain pieni piste mistä puhkaistaan tämä taso. Siitä pisteestä tietoisuus alkaa maailman luomisen. Tämä älykäs, aaltoileva , sykkivä ja elävä energia täyttää tämän avaruuden. Meidän aistiemme mukaan se näyttää tyhjältä. mutta kuitenkin kaikki mitä tarvitaan. Tämä energia sisältää kaikki mahdolliset elämänpolut ja kohtalot mitä olla voi. Kaikessa on aina kaksi puolta. Se mikä tältä tasolta näyttää tyhjältä avaruudelta, on toisella tasolla olevaa energiaa. Kun kaikki tasot ovat sisäkkäin tässä ja nyt, ne täyttävät tilan sekä ajan. Vaikka ne eivät ole näkyviä tällä tasolla ne kuitenkin lävistävät tämän tason ja ovat suuri osa meidän tietoisuuttamme ja sitä kautta kokemustamme. Voidaan siis sanoa niiden täyttävän tämän tyhjän tilan. Meillä on keho joka tasolla. Olemme siis tietoisia näistä tasoista. Samalla tavalla kuin maailma luodaan ylimmiltä tasoilta alaspäin. Samoin meidän ylemmät kehomme luodaan ensin. Tiedemiehet ovat todentaneet kolme kehänmuotoista vyöhykettä kiertävän maailmankaikkeuden keskusta. On päätelty niiden olevan aikaisempien maailmankausien alueet. Me olemme nyt kolmannen renkaan ulkopuolella eli tekemässä neljättä. Niinkuin on ollut puhetta elämme neljättä kautta. Tähän on siis olemassa tieteellistä näyttöä. Nämä kolme ovat korkeampien värähtelytaajuuksien alueita. Luominen lähtee keskipisteestä missä sijaitsee alkulähde, joka on ikuinen paikallaan oleva. Maailmankaikkeus on kuin ilmapallo, missä alkulähde on keskellä ja sen ympärillä nämä olemisen tasot. Laajenemisvaiheessa ilmapallo laajenee ja sisäänhengitysvaiheessa pallo kutistuu. Siitä seuraa että maailmankaikkeus on kaareva. Sillä on rajat, mutta se voi laajeta vaikka äärettömästi jos on tarvis. Kaikkeuden raja on siinä missä laajeneminen on menossa, mutta raja siirtyy koko ajan. Sen takia ei voi sanoa maailmankaikkeuden olevan jonkun kokoinen, koska se muuttuu kokoajan.

Joskus viimevuosisadan alkupuolella on tehty kokeita saippuakuplalla kun on haluttu todentaa universumin kehitystä. Kun saippuakuplaan tuotiin sähkövaraus, niin se lähti laajenemaan. Maailmahan on sähköä täynnä. Kun varaus poistettiin niin kasvu pysähtyi , kupla vavahteli jonkun aikaa ja puhkesi.

Tiedemiehet ovat ihmetelleet kun matemaattiset laskelmat eivät täysin pidä paikkaansa, luomisen kanssa. Näin täytyykin olla, sillä muuten tulee saippuakuplan tavoin tilanne jossa kasvu loppuu. Kun kasvu ja liike loppuu, niin kaikki hajoaa. Tässä kohdin luominen toteuttaa Fibonaccin vakiota joka koko ajan eroaa täydellisyydestä sitä lähestyen. Fibonaccin vakio on päättymätön desimaaliluku. Sen takia luominen jatkuu ja jatkuu. Onko niin, vaikka se on päättymätön desimaaliluku, mutta kun se tulee riittävän lähelle oikeata suhdelukua niin luominen lakkaa.

Keksinnöistä

Useimmat keksijät sanovat keksintöjensä tulleen unessa, päiväunissa, valveen ja unen rajamaissa. Silloin on yhteys tähän henkiseen energiapuoleen olemassa. Paitsi historiamme suurin ja unohdetuin tiedemies Nikola Tesla, joka eli fyysistä ja henkistä energiapuolta koko ajan.Hän olisi voinut pelastaa maailman kaikilta näiltä kriiseiltä, joita elämme tällä hetkellä jollei hänen töitään olisi tuhottu ja takavarikoitu. Siellä äärettömässä värähtelyjen aallokossa mistä kykenemme silmin näkemään vain pienen viirun ja kaikki muu on meille näkymättömissä. Määrätyillä kehoilla on mahdollisuus elämänsä aikana yltää näihin keksintöihin ja tuoda ne käytettäväksi tällä fyysisellä tasolla. Se on ihmismielen avarakatseisuudesta kiinni mitä voidaan fyysiselle tasolle tuoda. Ensin tarvitaan ajatus jostakin vaikka kuinka mahdottomasta asiasta. Kun sitä kuitenkin

72

toistuvasti ajatellaan ja käännellään eri puolilta, niin se alkaa hahmotua ja aletaan kokeilla käytännössä. Sanotaan nyt vaikka kännykkä ajatuksena 60 luvulla.Eihän kukaan voinut sellaista edes kuvitella. Mutta vuosien kuluessa idea johti toiseen ja se taas seuraavaan ja nyt se on arkipäivää. Nyt lentävät autot ja kaikki muut mitä esim Paluu tulevaisuuteen elokuvassa oli kun he tulivat tulevaisuuteen eli vuoteen 2015 . Samoin ihmisten siirtyminen stargatista toisiin maailmoihin ja kehojen dematerialisoinnit. Kaikki ne ovat nyt olemassa ihmisten tietoisuudessa, mutta eivät ole vielä toteutuneet. Ja este on, jos tekniikka näiden toteuttamiseen olisi annettu, se olisi heti käytetty sota teknologiaan ja ihminen olisi tuhonnut sen loputkin mikä vielä on jäljellä. Sama koskee myös tähtiportti ja dematerialisointia. Ihminen olisi vienyt tämän järjettömän tuhoamis ja tappamiskulttuurin muihin maailmoihin. Mutta nyt se on eristetty tälle pallolle.

Kaikki on mahdollista mihin kiinnitämme huomiomme. Jos mielessämme on vain jokapäiväisiä selviytymiseen liittyviä huolia ja ajatuksia, niin muutosta sekä kehitystä ei paljon tapahdu. Koska mielemme toimii ja tuottaa niitä tuloksia mihin olemme syventyneet. Ympärillä oleva tila on täynnä erilaisia taajuuksia ja värähtelyitä. Jo erilaiset radio-, tietoliikenne-, televisio-, kännykkä- ja tutkataajudet muutamia mainitakseni, täyttävät tilan. Universumin ja avaruudet taajuuksista puhumattakaan. Me reagoimme tietoisesti viiden aistimme havaitsemiin taajuuksiin. Elimistömme havaitsee ne ja johdattaa ne hermoratoja pitkit aivoille. Ne ovat vain energiataajuuksia ja värähtelyjä. Ne muunnetaan näkyväksi kuvaksi mielemme kuvaruudulle. Vain ihminen tai joku jolla on samanlainen kehon vastaanotto ohjelma näkee ne energiat niinkuin me ne tulkitsemme.

Usein esitetty kysymys on, jos puu metsässä katkeaa niin kuuluuko siitä ääni jos ei sitä ole kukaan kuulemassa. Vastauksia tulee kummankin vaihtoehdon puolesta. Jos kukaan ei ole kuulemassa niin siitä muodostuu energia-aalto mikä on energia muiden joukossa. Kun ihmisen korva vastaanottaa energia- aallon se muuttaa sen minkä ymmärrämme katkeavan oksan ääneksi.

Sama pätee materiaankin. Jokaisella alkuaineella on oma värähtelytaajuus ja kun siihen kohdistetaan huomio niin se näyttäytyy materiana. Ja eihän täällä muuten ole mitään kiinteää materiaa. Alkeishiukkaset, atomit ja fotonit, mutta ei niistä rakenneta materiaa niinkuin sen koemme vaikka ne fyysisellä tasolla ovatkin niiden todettavissa olevia rakennusaineita. Sillä täytyyhän jotain olla millä selittää jotakin. Kaikki mitä täällä ilmenee tulee ylemmältä tasolta. Itse ilmeneminen ja lopputulokseen johtava toiminta tapahtuu henkisellä tasolla. Lopputulos näkyy fyysisellä tasolla. Mutta täytyy tällä tasolla olla jotain millä selittää tapahtunut. Tuli mieleen sellainen vertaus, että tällä tasolla se on kuin lego palikoilla rakentelu. Jokaisella palikalla on oma merkitys. Jos laitat tämän ja tämän palikan yhteen niin tapahtuu tämä asia. Jos laitetaan kaksi muuta palikkaa yhteen saadaan toinen asia ilmentymään. Kukaan ei oikeasti tiedä mitä tapahtuu ja miksi. Mutta on opittu tunnistamaan kun nämä kaksi palikkaa yhtistää niin tämä tapahtuu ja se riittää ja hyvä näin. Se täyttää tieteellisen kriteerin.

Kokijan näkökulmasta

Eli on olemassa elämän meri. Johon on ohjelmoitu kaikki mahdolliset kohtalot, elämän tapahtumat ja polut. Täytyy olla kokija, jotta nämä mitä siihen sisältyy todentuu. Jos ei ole kokijaa, niin elämän meri on vain aaltoileva värähtely allas. Ja eihän voi olla olematta mitään. Koska sinäkin olet olemassa, niin sellainen vaihtoehto ettei olisi mitään ei ole mahdollinen. Kun tämä on luotu ja ohjelmoitu, niiin tarvitaan joku tai jotkut ketkä ovat sen tehneet. Muinaisissa teksteissä mainitaan aina tekijät monikossa. Jos olet lukenut urantia kirjaa niin siellä on porukkaa olemassa monella tasolla aina heti siitä lähtien kun energia lähtee ikuisesta lähteestä. Nykyinen tiede on sitä mieltä, että tasoja on ainakin 11 mahdollisesti 25. Kun sielu luodaan ikuisesta lähteestä niin sehän ei tiedä elämästä mitään. Toisin sanoen ei ole minkäänlaista elämän kokemusta. Sille voidaan kertoa kaikki mitä tiedetään. Se on sama kun itse olet ollut matkalla ihmeellisillä kaukomailla ja kerrot jollekin mitä olet nähnyt ja kokenut.Silloin kun itse kuljet ne polut, maisemat ja tapahtumat ne kuuluvat sinun kokemus kenttääsi. Se, että joku kertoo sinulle tai sinulla on sieluna mahdollisuus elää jonkun toisen elämä joka on tallennettu niinkuin kaikki on, joka ikinen ajatus. Valinta on kuitenkin mikä liittyy elämään ja saa sen tuntumaan että se on todella koettu. Sen takia joku yksi on jakautunut moneen osaan ja haluaan kokea sen kaiken mitä on luotu. Kun kuitenkin tämä kaikki on olemassa ja mitä muuta täällä on tekemistä kun kokea se kaikki mikä on koettavissa. Täällä on aina oltu ja tullaan olemaaan meillä on koko ikuisuus aikaa. Ei pidä tuijottaa tähän lyhyeen hetkeen minkä vietämme tämän kehon kanssa kaikki jatkuu senkin jälkeen. Se on harmi,että ihmisillä on se harhakuva, että kaikki on tässä. Olemme geenien ja olosuhteiden uhreja emme voi muuta kuin elää niille korteilla mitkä meille on jaettu.

Ensinnäkin tämä kaikki on energiaa ja värähtelyä. Vaikka näemme ja koemme tämän kaiken analogisena. Eihän siinä mitään, niinhän se on tarkoitettu. Sanotaan että kaikki on energiaa, niinhän se on ja kaikki sen varmaan myöntää ajattelematta sen tarkemmin mitä se tarkoittaa. Kaikki on tarkkaan suuniteltu. Täällä ei ole mitään mahdollisuuksia sattumalle. Matematiikka on kaiken peruslähtökohta. Niinkuin arkkitehdit ja suunnittelijat käyttävät autocad ohjelmaa, tämän maailman suunnittelijat ovat käyttäneet ohjelmaa jota kutsutaan pyhäksi geometriaksi. Siellä tärkeitä on spinoccetin spiraali ja kultainen leikkaus jotka ovat päättymättömiä desimaali lukuja. Tämä maailmankaikkeus perustuu matematiikkaan. Matematikka on perinteisen tieteen perusta. Tiedemiehet sanoo, että jos joku heittäisi edes yhdellä desimaalilla tämä maailma ei olisi mahdollinen. Näin ollen ei voida puhua mistään sattumasta jos joku niin vielä luuli.

Kahlaamme tai uimme täällä ikuisuuden meressä missä kaikki mahdollisuudet ovat olemassa äärettömässä energia-aaltoilussa. Kohdistamme huomiomme siihen värähtelytaajuuteen, joka on meille sillä hetkellä ominainen ja luomme sitä vastaavan materian tason koettavaksemme. Mitä enemmän tietoa ja ymmärrystä tulee niin sitä varmemmalta näyttää, että elämme tietokonesimulaatiossa. Tai sen kaltaisessa järjestelmässä missä kaikki on ennalta ohjelmoitua. Niinkuin tämä energiameri missä värehtelevät tajuus aallot on ohjelmoitu. Määrätty taajuus vastaa määrättyä asiaa. Ja jos se muutetaan seisovaksi aalloksi mikä näyttäytyy silloin atomitason materiana. Ja jos joka kerta sama taajuus antaan samanlaisen lopputuloksen niin silloihan se on ohjelmoitu. Sillä muuten sama tajuus antaisi erikerroilla eri tuloksen jos se olisi sattuman varaista. Esimerkkejä tästä voisi antaa vaikka kuinka paljon, mutta tyydytään toteamaan että jos joku osa on ohjelmoitu niin silloin on kaikki muukin. Tähän elämän mereen on siis ohjelmoitu kaikki mahdollinen mitä tässä maailmankaikkeudessa esiintyy ja tulee esiintymään. Myös meidän DNA on siinä olemassa ja sisältää kaiken tiedon niinkuin myös solussa on. Kun tämä suunniteltiin niin siinä oli tiedossa kaikki mitä tulee esiintymään. Eli siinä hetkessä kun tämä käynnistettiin, niin loppu oli jo tiedossa. Tässä elämän meressä on alfa sekä omega. Mutta kaikki se pitää kokea ja elää että saamme sen kokemukseksemme.

Aina on ensin energia ja sen seurauksena tulee kehot ja puitteet kehojen näyttämöksi.Täällä ei ole mitään ns. todellista, kaikki on harhaa. Kiinteää materiaa ei ole olemassa ja sinäkään et ole todellista sellaisessa muodossa kun sen kuvittelemme. Kaikki on energiaa ja sähköä siitä muotoutuu rakenne ja toiminta.Jos kaikki perimmiltään ohjautuu ja toimii sähköllä ja aina saman tapahtuma johtaa samaan lopputulokseen niin miksi sitä voi muuten kutsua kuin ohjelmoinniksi.

Keho on energiallisesti omillaan toimeen tuleva yksikkö. Siinä on solut, jotka pitää sen toiminnassa ja liikkeessä. Soluja ohjaa aivot hermoratojen kautta joissa kulkee tietoa soluille ja takaisin ja se on sähköisessä muodossa. Kehossa on ohjelma joka pitää sen hengissä ja terveenä. Kaikki toimii sähköllä. Kun maailman rakennus käynnistyy energia virtauksen aloittamisella alkulähteeltä niin sehän on samaa energiaa mikä on tällä tasolla monien muunnosten jälkeen. Kun se lähtee niin, että siihen sisältyy liike eli paine mennä eteenpäin niin sen täytyy edetä aaltomuodossa. Eli se sisältää sähkö- ja magneetikentän. Kaikessa mitä sen jälkeen ilmenee on nämä kaksi tekijää mukana. Kaikki perustuu sähköön ja siinä on myös kaikki tieto eli elämä mukana. Kun tämä energia lähtee alkulähteestä niin siinä täytyy olla kaikki mukana ei siihen lisätä enää mitään. Eri tasoille luodaan tietoisuuksia jotka tulkitsevat oman tason värähtelyt niinkuin on tarkoitettu. Myös tämän tason ilmiöt ja materia syntyvät tuon saman energian värähtelyistä sielujen koettaviksi.

Sydämestä

Tiedonsiirto toimii sähköllä. Sydän on kehon tärkein elin. Ilman sen toimintaa ei ole elämää. Sydän pumppaa verta, joka kuljettaa happea ja ravinteita sinne missä niitä tarvitaan ja se on kehon sähkön tuottaja. Se on tehokas generaattori ja se tuottaa myös tehokkaan sähkö- ja magneettikentän, joka seurustelee tämän elämän meressä olevan älykkään energian kanssa.Sydän, sydänchakra ja tietoisuus ovat avainasemassa kun luomme elämää ja tulevaisuutta, sillä ne ovat sama asia mutta eri tasoilla. Sydänchakran alapuolella on kolme chakraa jotka liityvät fyysiseen elämään ja yläpuolella on kolme chakraa, jotka liittyvät henkiseen puoleemme. Ja sydänchakra yhdistää nämä.Aivot saa ideoita ja näkemyksiä henkiseltä puolelta, jotka se haluaisi toteuttaa. Fyysiseltä puolelta eli kolmesta alimasta chacrasta tarvitsee tulla suostumus ennenkuin sydänchakra voi ne toteuttaa. Henkiset chakrat saavat inspiraationsa korkeammista taajuuksista ja maalliset chakrat mahdollistavat näiden toteutumisen jos ne ovat oikein kehittyneet ja toimivat niinkuin pitää.

Tämä todellisuus on luotu äänellä. Ensin oli sana sanotaan kirjassa. Ajatus on tärkeä sillä se tulee ensin, sen jälkeen ajatus tuodaan julki sanomalla ääneen. Sanomalla tuotetaan äänienergiaa, jolla on voimakkuus ja värähtelytaajuus. Tämä todellisuus on rakennettu seitsemällä äänioktaavilla eli c duuri asteikolla.

Samoin sydämessä on lihas, joka tuottaa seitsemän eri taajuista sydämen lyöntiä. Sydämen lyönti antaa sanan eli äänienergian ja rakentaa kehon sillä DNA toimii tämän kanssa yhteistyössä. Samalla sydän pumppaan veren eri kierteisinä ja vahvuuksina kiertoon. Sydän toimii korkeamman tietoisuuden rakentajana keholle. DNA reagoi sydämen ääniin ja aktivoi sekä muuttaa geenejä.

.

Elämää ei voi mitenkään oikein ymmärtää ellei ymmärrä värähtelyä, energiaa ja sähköä. Sillä ensin oli vain energia ja siitä juontaa kaikki muu mitä ns. ilmenee ja minkä voimme aisteillamme havaita. Ensin oli piste mistä tietoisuus levisi ja täytti tilan. Ei ollut mitään muuta kuin pimessä lainehtiva ikuisuuden meri. Nykyäänkin kun tiede on todennut tämän energian olemassa olon niin sitä sanotaan pimeäksi energiaksi koska se ei ole aisteillamme nähtävää. Siksi luotiin keho, jossa on silmä joka muuttaa energian nähtäväksi eli valoksi. Siksi hengen tieteessä sanotaan, että olemme valoa.Tämä energia on aaltoilevaa siten, että sen tajuus värähtelee äärettömän pienestä äärettömän suureen edestakaisin. Niinkuin todettu tämä energia sisältää koko universumin viisauden. Siinä on luomisen alku ja loppu. Kaikki alfasta omegaan. Ja jotta se voisi olla olemassa, on oltava joku joka havannoi tämän. Muutenhan sitä ei ole olemassa. Siksi se on ainut vaihtoehto, että täällä on edes yksi keho sen toteamassa. Ja siksi kun luin Gary Renardin kirjan " maailmankaikkeus katoaan" niin ihmettelin miten se voi yhtä äkkiä kadota, mutta kun täällä ei ole muuta kuin energia ja keho, joka sillä kapealla viirulla koko värähtelykaistasta näkee sen niiinkuin näkee. Kun edes sitä yhtä ei ole, niin ei ole olemmassa tätä universumia sellaisena kuin me sen nyt koemme.

Täällä ei ole muuta kuin energiaa, värähtelyä ja sähköä. Siitä kaikki lähtee. Niinpä olemme kaikki lähtöisin samasta energiasta. Sähkö muodostuu magneetti- ja sähkökentästä. Niitä ei voi erottaa. Jos ilmenee toinen, myös toinen on olemassa. Ja yhdessä ollessaan ne ilmenee energiana. Pienin hiukkanen fotoni on kaikkien meidän rakennusosa. Jos sinulla on kädessäsi vaikka pätkä lattarautaa niin se tuntuu kovalta, painavalta ja yhtenäiseltä. Kuitenkin jos katsot sitä miten suurella mikroskoopilla tahansa, niin siinä ei ole mitään kiinteää. Ne atomit, jotka siinä on ovat tyhjää täynnä. Atomissa on ydin, jossa pitäisi olla protoneja ja elektoneja kiertämässä sitä. Mutta nekin vaihtavat varausta koko ajan ja ovat energiaa. Voit kuvitella itsesi tämän rautapalan sisään ja näkymä on sama kuin katsoisit taivaalle siellä on ihan yhtä tyhjää.

80

Aina kun jotain ilmenee pitää olla jonkinasteinen tietoisuus. Esimmäisenä on magneettikenttä ja sen myötä myös sähkökenttä. Kaikki siis jollain tavalla liittyy sähköön. Sähkö on yleisnimitys mutta se sisältää molemmat, sähkö- ja magneettikentän. Kun sanotaan tämän maailman olevan projectio, siis luotu illuusio, niin täytyy olla luojat. Urantia kirja antaa hyvää tietoa niistä olentokunnista jotka hoitavat energia muunnoksia ja saavat materian tehdyksi. Koska energia ja aine ovat sama asia eri muodossa ja se ensin esiintyy energiana niin täytyy olla muokkaajia jotka saavat sen muuntumaan aineeksi. Energia noudattaa määrättyjä luonnon lakeja ja niitä noudattaen energian muokkaajat muuntavat energiaa aineeksi suunnitelmien mukaan.

Rauta niinkuin muutkin alkuaineet ovat atomien ja voiman yhteenliittymiä. Jokaisella alkuaineella on oma värähtelytaajuutensa. Voimaa voisi kuvailla tornadolla. Jos ajat autolla päin tornadoa niin se olisi sama kuin ajaisit päin seinää. Voit tietysti ajatella, että senhän näkee. Siitä näkyy kuitenkin se tomu, lika ja tavara mitä se on imaissut sisäänsä. Jos tornaado ilmenisi puhtaalla alustalla, niin se olisi näkymätön ja tulos olisi sama. Niin myös atomissa elektronit pyörivät valtavalla nopeudella. Ja kaikkien niiiden atomien yhteisvoima, joka siinä rautapalassa on, saa sen tuntumaan kiinteältä. Ja kun rauta värähtelee sellaisella taajuudella, että silmäsi tunnistaa sen taajuuden niin sinulle se värähtely ilmenee mielen kuvaruudulla rautatankona ja juuri tämä taajuus on ohjelmoitu sinulle tuntumaan siltä.

Energia ja aine

Energia ja aine on saman asian eri olomuotoja. Ensin on energia, joka muunnetaan aineeksi eli materiaksi. Materia aina palaa lopulta energiaksi. Koska energia on lähtöisin alkulähteestä ja kierrettyään aikakausia palaa sinne takaisin. Eikä se voi tehdä sitä materiana, senvuoksi materian on palattava energiaksi. Energia on alku- ja luonnollinen tila. Käyttämällä alkulähteen voimaa energia muutetaan aineeksi. Kun se on aineen muodossa poissa luonnollisesta olotilastaan, niin sen pyrkimys on palata alkutilaansa. Ainoastaan Luojan paratiisivoima saa sen pysymään materiana. Luonnossa kaikella on pyrkimys palata paineettomaan tilaan. Vaikka gravitaatiosta eli painovoimasta ei olekkaan olemassa kunnollista teoriaa, niin minulla olisi.

Kaikki pyrkii tasaamaan ilmenevät paineet. Sähkötekniikassakin jännite on sama kuin paine. Tässäkin tapauksessa energia muunnoksien jälkeen esiatomisesta aineesta atomiseksi tulee gravitaatio voima mukaan. Atomin päämäärä on palata takaisin alkuperäänsä. Gravitaation ketju on kehityslinjan mukainen. Jos nyt aloitetaan lähimmistä, niin maa on gravitaatiossa Aurinkoon. Me olemme maasta syntyneet, niin olemme maan keskipisteen kautta gravitaatiolinjassa myös aurinkoon,sitä kautta linnunradan keskukseen jne. Miksi maan keskipisteeseen? Koska maan ja kaikkien kappaleiden kehitys ja rakentuminen lähtee keskipisteestä. Laajentuen siitä tasaisesti keskipisteen ympärille. Siksi kaikki planeetat ja tähdet ovat pallon muotoisia.

Siksi gravitaatiolinja vetää maapallon materiaan sen keskipistettä kohden ja maapalloa auringon keskustaa kohden sekä aurinkoa linnunradan keskustaan jne. Kun universumi kehittyy ja kasvaa, niin maapallon kehittyessä materiaan tulee mukaan komponentti mistä se tunnistetaan aurinkoon kuuluvaksi. Maapallon materiaan tulee vielä tunniste mikä liittää sen maapallon vetovoimaan kuuluvaksi. Kehomme on maan materiasta rakennettu ja siksi gravitaatio vetää meitä kohti maapallon keskustaa.

Kun energia lähtee pitkälle vaellusmatkalle alkulähteestä, niin sen ainut päämäärä on palata sinne takaisin. Minkä se varmasti tekee. Riippumatta kuinka monta muunnosta, minkälaista materiaa ja kuinka pitkään se kestää, niin alkulähde on sen lopullinen paikka. Siitä johtuen kun se välillä ottaa materian muodon niin, että sen matka voi jatkua on sen palattava energiaksi.

Universumi on aikaisemmin kolme kertaa luotu ja vedetty takaisin. Tarvitsee olla joku tarkoitus miksi näin tapahtuu. Joka kerralla laajeneminen eli luominen on ulottunut pidemmälle alkulähteestä. Nyt kun tämä on neljäs kerta niin tämän pidemmälle ei enää mennä. Viides kerta kattaa kolmannen ja kuudes toisen jne. Kaikessa on ajatus ensin ja tahto toteuttaa se. Luodaan suunnitelma ja energialla on päämäärä täytää tämä tavoite. Luodaan tavallaan kuin suuri tyhjiö mitä täytetään. Tyhjiö saadaan aikaan mustilla aukoilla. Ne ovat portteja mistä imetään energia takaisin alkulähteeseen. Kun puhallus on heikentynyt ja tyhjiö täytetty, alkaa takaisin vetäytyminen. Sillä energialla on määrätty voima takana joka heikentyy ja vauhti hidastuu. Kun vauhti hidastuu myös energian värähtelytaajuus laskee. Sen takia tasot ja maailmat, jotka ovat lähempänä alkulähdettä, ovat korkeampi värähteisiä. Aikaisemmin olemme oppineet mitä korkeampi värähtelytaso on, sen mukavampia asiat on. Alkulähteen värähtelyjä ei edes pysty kuvittelemaan. Koska kaikki tapahtuu samoja lakien mukaisesti myös samanlaisia ilmiöitä on tunnistettavissa meitä lähempänä. Sääilmiöissä on matala paineita jolloin vastavuoroisesti jonnekkin syntyy korkeapaine. Kuten tiedetään, näin saadaan ilmavirtaus liikkeelle koska korkeapaine pyrkii täyttämään ja tasaamaan matalapaineen. Tällä tavalla saadaan liike aikaan. Tämä liike mahdollistaa erinlaisten muutosten tapahtumisen. Tuuli kaataa puita, sade kastelee ja elävöittää luontoa, aiheuttaa myös tulvia. Ukonilman aiheuttaa sähköilmiöitä, jotka laataavat sähköä brojektioon ja aiheuttavat metsäpaloja. Metsäpalot uudistavat luontoa ja tuhkat lannoittavat maaperään antaen voimaa uudistumiselle. Näin muokataan maailmaan uudenlaiseksi.

Värähtelytaajuudet on jaettu tasoihin ja jokaisen välillä on 90 asteen vaihesiirto. Siksi tasot eivät voi sekoittua. Ikivanha luonnonlaki on niin alhaalla kuin ylhäällä. Kaikki laajenee ja vetäytyy takaisin. Jos aloitetaan, luonnossa vuodenajat, ihmisellä syntymä ja kuolema, maapallolla kierros auringon ympäri jne.

Ihmiselle yksi elämä on sama kuin universumille yksi maailmankausi. Ihmiselle on elämää varten ,halu, tavoite ja suunnitelma. Kun nämä täyttyvät niin elämä on täyttänyt tehtävänsä ja tietoisuus vetäytyy takaisin kehosta. Kaikkea ei saavuteta yhdessä elämässä. Niitä voi olla tuhansia. Ihmisellä on kaksi tarkoitusta. Ensinnä tarjota keho sielulle kokea elämä tällä tasolla ja antaa sille mahdollisuus kehittyä kokemuksien kautta. Toiseksi henkistää materia eli muuttaa materia takaisin energiaksi. Luonnon ilmiöihin tuleen, ilmaan ja veteen on sitoutunut enkeli ja muita henkisiä olentoja jotka voimme vapauttaa oikein asiat ymmärtämällä. Nämä enkelit ovat tavallaan uhrautuneet tulemalla materian maailmaan ja luomalla oman elementtinsä edustamat ilmiöt näkyväksi tälle tasolle. Mutta heidät on sidottu näihin energiamuunnoksiin niin että he antavat voimansa niiden pysymiseen kunnes me vapautamme ne. Ymmärtämällä, arvostamalla ja kunnioittamalla sitä minkä he ovat tehneet. Samalla tavalla kun enkelikunta tekee mahdolliseksi, tulen enkelit tulen, Ilman enkelit ilman ja sääilmiöt, veden enkelit kaiken mikä liittyy veteen ja nesteisiin niin me teemme mahdolliseksi maa elementin. Vain me koemme materian ja maaelementin niin kuin sen koemme. Ilman ihmistä ja sen viittä aistia ei tätä voitaisi kokea niinkuin se nyt tehdään. Me olemme tavallaan maatason enkeleitä. Kuka enemmän, kuka vähemmän.

Tiedon tarve

Mitä enemmän tietoa ja ymmärrystä tulee niin sitä todennäköisempää on, että elämme tietokonesimulaatiossa. Kaiken mitä täällä koemme ei todellisuudessa ole niin kuin sen tajuamme. Kaikki on eri värähtelytaajuuksia, jotka on meidän mielelle ohjelmoitu tarkoittamaan määrättyjä asioita.Silmä muuttaa värähtelytaajuuksia ohjelmoinnin mukaan väreiksi, valoksi ja kuviksi. Silmähän ei näe mitään se on linssi, joka kerää taajuuksia. Silmässä olevat elimet muuttavat ne taajuudet,jotka ne pystyvät tunnistamaan, data virraksi ja kuva muodostuu vasta aivojen takaosassa. Samoin on kuulo-, haju-, maku- ja tuntoaistien kanssa. Kun määrätty energiataajuus aina antaa saman tunnun mielellemme, on se sitten makea, kuuma, paha haju tai kirskuva ääni, niin voimme puhua ohjelmoinnista. Määrätty energiataajuus on ohjelmoitu antamaan määrätyn tuntuman. Kun tämmöistä ohjelmointia esiintyy niin voimme sanoa että meidät on ohjelmoitu. Siksi materian tasolta ja miten tämän kaiken kuvittelemme olevan, tämä kaikki on toisin kun uskomme.

Entä sitten sinä ja minä. Kuvittelemme olevamme lihaa, luuta elimiä, nesteitä ja kaikkea muuta. Toiset ovat lihavia toiset laihoja, pieniä ja suuria. Kun katsot itseäsi peilistä niin näet tutun kuvan ja tunnistat itsesi. Tiedät millainen olet ja mikä on persoonallisuutesi. Mutta todellisuudessa näet kuoren joka pitää sisällään 50 000 000 000 000 solua. Kuoressa on kaksi linssiä jotka välittävät värähtelytaajuuksia aivoille.On aukkoja, josta virtaa ilmaa sisään ja ulos, aukkoja josta ääniaallot virtaavat tajuntaan sekä suurempi aukko energian sisään ahtamiseksi. Kuori eli iho, joka pitää kaiken kasassa niin se pitää myös kaikki luonnossa normaalisti esiintyvät värähtelytaajuudet ulkopuolella niin ettei ne häiritse sinun omia värähtelyjäsi. Se ei ole kuitenkaan tehty nykyään esiintyviä ihmisen tekemiä voimakkaita värähtelyjä vastaan vaan ne läpäisevät tämän suojan ja aiheuttavat kaikenlaista harmia. Lisäksi iho on täynnä tuntorespereita, joilla tunto aisti välittää meille tietoa. Lisäksi siinä on lukkoja ja reseptoreita, joilla solut saavat tietoa ympäristöstämme. Sillä jos jotain voi järjeksi kutsua niin iho on sitä. Samoin kuin solun järki on solun kalvo.

Näitä ihon lukkoja ja reseptoreita ohjaavat tunteemme. Tunteemme antavat lukoille signaalin mitä energiataajuutta vastaanottavat antennit voivat päästää tietoa kehoomme. Olemme täynnä soluja eikä siellä sitten paljon muuta olekaan. Solut ovat itsenäisiä toimivia yksiköitä joilla, on kaikki samat toiminnat mitkä koemme itsellämme olevan. Solut antavat meille rakenteen ja toiminnan. Eli ne antavat meille elämän. Meillä ei ole oikeastaan mitään tekemistä sen kanssa muuta kuin kuinka hyvät oltavat ja työympäristön annamme soluille. Silla aivomme ovat solujen hallitsija. Se miten ymmärrämme elämää ja reagoimme vastaanotettuun tietoon, niin sen perusteella aivot lähettävät kemikaaleja soluille. Ja siitä solut päättelevät kuinka hyvin meillä menee.Ne eivät juurikaan voi vaikuttaa elämäänsä. Niiden hyvinvointi on sinun vastuullasi. Jos koet sinulla menevän hyvin, solut ovat avoinna ja nauttivat sekä luovat kehoosi hyvää oloa ja kasvua. Jos koet sinulla menevän huonosti, ne sulkevat itsensä kielteisten kemikaalien johdosta odottaen parempia päiviä ja koet voivasi huonosti. Elimien kohdalla siihen kuuluvat solut luopuvat itsenäisyydestään ja toimivat sen yhteisön eli elimen parhaaksi. Sinä olet siis soluja täynnä ja ne hoitavat täysin kaikki kehon toimintaan tarvittavat toimenpiteet. Sinä et edes tiedä eikä sinun tarvitse tietää mitä kaikkea ne tekevät että " sinä " selviät hengissä. Sinulle on annettu vapaus syventyä ihan muihin asioihin. Voisi sanoa,että sinun ei tarvitse kuin ihmetellä ja katsella minne ollaan menossa. Ja silti onnistut sotkemaan kaiken. Tuhoat kehoa väärillä elintavoilla ja sairastutat sen vielä väärillä uskomuksillasi. Aika hyvin tehty, onnistut tuhoamaan kehon, joka on tehty melkein pommin varmaksi. On hyvä muistaa kun puhutaan DNA:sta ja geeneistä, joiden sanotaan oleva elämämme ohjaajia, niin jokaisessa solussa on DNA ja geenit, jotka muodostavat tulevan elämämme. Sinulla ei ole siis varsinaisesti ole mitään millä vailuttaa tulevaisuuden mahdollisuuksiin paitsi valvoa minkälaista tietoa annat soluille. Niinkuin varmaan muistat solut valmistavat proteiineja geeneistä ja se tapahtuu sen mukaan minkälaisen signaalin lähetät soluille.

Kehon rakenne

Kehosi rakentuu myös alkuaineista. Eli samoista rakenne osista kuin aiemmin mainittu rautakappale, atomeista ja fotoneista. Kuinka paljon kiinteätä materiaa arvelet kehossasi olevan. Aivan oikein ei juuri mitään. Vähän atomeja ja fotoneja sekä paljon värähtelevää energiaa. Kaikki toimii sähköllä. Aivoista 0,5 hz taajudesta lähtien kaikella on oma värähtely taajuutensa. Kun siis kaiken sen tiedon valossa mikä tieteelläkin on olemassa, niin olet käytännössä tyhjää täynnä jos ajatellaan materian näkökulmasta. Tästä seuraa mielenkiintoisia ajatelmia. Ensinnäkin, jos sairastut niin mikä sinussa sairastuu? Materiaa sinussa ei ole, vain värähtelyjen kokonaisuus, jonka silmä kerää dataksi. Aivoissa se muutetaan kuvaksi, joka vastaa sinuna tunnettua kehoa. Se on kuin televisio tekniikkaa. Kaikki informaatio kulkee sähköisessä data muodossa johdoissa eikä niistä saa mitään selkoa ennenkuin ne muutetaan analogiseksi kuvaksi kuvaruudelle. Hermostoissa kulkee data sähköisessä muodossa edestakaisin. Aivoista soluille ja takaisin. Kaikista aisteista tulee tietoa, aivot kerää kaiken tarpeellisen ja yhdistää ne sellaiseen muotoon, että kun se näytetään mielen kuvaruudulla sinulla on kaikki se tieto mitä tarvitset. Tarvitsee korjata sen verran, että tarvittava tieto sellaiseen elämään kuin haluat elää. Niinkuin sanottu jokaisessa solussa on DNA, joka sisältää koko universumin tiedot mutta et sinä sitä saa käyttöösi.

Kun katsot pelikuvaasi näet peilistä kehosi. Jotkut vielä koristelevat sen koruilla, tatuoinneilla ja vieläpä kauneusleikkauksin. Sen mitä näet, on suuri joukko soluja. Kehosi on eri tarkoitusta varten olevien solujen yhteisö. Missä siellä olet sinä. Sinulla on keho mutta sinä et ole kehosi. Koska solut antavat keholle toiminnan, rakenteen ja elämän, niin enemmänminkin keho on solujen. Sinulla ei juurikaan ole mitään tekemistä kehon toiminnan kanssa paitsi sekoittaa sitä. Eli sinulla kuitenkin on jotain, joka vaikuttaa kehon olemiseen. Miksi sitten kehoa koristellaan ja kehon hyviä puolia korostetaan pukeutumisella esimerkiksi. Kun sinä et sillä korosta itseäsi vaan kehoasi. Onhan se kuitenkin niin, että keho kuvastaa sitä mitä tunnet olevasi. Jos tunnet tai uskot olevasi lihava, niin sinä myös olet. Eli se mitä uskot olevasi, sinä olet. Sinä uskot tarinaan mikä sinusta on kerrottu. Seitsemän ensimmäistä vuotta tallensit kaiken mitä näit ja koit. Ja nyt myöhemmin uskot, että olet sellainen mitä olet tallentanut. Mutta sinä tallensit muiden käyttäytymistä ja reagointia sekä tapaa elää. Nyt sinä elät jonkun muiden elämää kuin omaasi. Sinä olet osa sitä tallennusta, tarinaa mitä sinusta on kerrottu sekä muistoja mitä olet kokenut. Muistot sisältää tavan miten olet reagoinnut eri asioihin ja siitä tulee sinun persoonallisuutesi. Tämä kaikki tulee mielen kuvaruudulle sen jälkeen kun koet jonkun tapahtuman ja se data kulkee filttereiden, alitajunnan ja siihen lisättyjen tunnereaktioiden kanssa aivoille, jotka tekevät siitä tulosteen kuvaruudelle. Tässä kohtaa voit muuttaa elämääsi ajatuksiasi muuttamalla. Jos ennen vastaavan kokemuksen sattuessa, menetit hermosi, suutuit ja rähjäsit läheisillesi niin nappaat siitä tunteesta kiinni ja vaihdat sen johonkin positiivisempaan. Silloin et heitä myrkkyä solujen päälle ja solut eivät anna palautetta, että voit huonosti ja silloin kaikki voittavat. Koska tapahtuma on vain tapahtuma, se ei ole hyvä aikä huono ennenkuin annat sille merkityksen.Merkityksen sille antaa alitajunta joka vertaa sitä edellisiin vastaaviin ja pyrkii suojelemaan sinua, mutta sinä voit sitä tietoisesti ajatuksella muuttaa.

Missä sinä sijaitset

Sitten kysymykseen missä sinä olet kehossasi. Olet ainoastaan se kuva kuvaruudulla mikä on kaiken sen sisään menevän datan , eli värähtelyn muodossa olevan sähkön lopputulos kun se on mennyt niinkuin äsken todettiin filttereiden, verhojen ja uskomusten läpi ja muutettu kuvaksi kuvaruudulle. Siinä on kaikki mitä sinä olet kehossa.

Mutta kuitenkin sinulla on keho ja sinulla on kehitetty ohjelma, jolla koet kaiken niinkuin koet ja se on kaiken tarkoitus. Niinkuin muistat täällä ei ole mitään sattumalta eikä vahingossa. Vaikka taustalla oleva totuus olisi mitä tahansa, niin joka tapauksessa sinun on tarkoitus kokea kaikki niinkuin sen koet. Jossain vaiheessa on varmaan hyvä tietää mitä on kaiken tämän takana. Ehkä kuitenkin loppujen lopuksi tieto siitä miten kaikki toimii, on lopulta se mikä vie sinut seuraavalle tasolle

Ohjelmassa on määrättyjä asioita, jotka toteutessaan saavat sinut kokemaan taivaan ihanuudet. Silloin saat yhteyden henkimaailmaan, koet sen täyttymyksen ja autuudet, joita keinotekoisilla aineilla etsitään ja yritetään saavuttaa näkemättä vaivaa saada ne aidosti. Tarkoitan nyt alkoholia ja erinlaisia huumeita. Eräs niistä todellisista on rakastuminen. Vaikka siinä fyysisellä tasolla on kysymyksessä aivojen erittämät hyvänolon kemikaalit, jotka saavat solut tuntemaan olonsa sellaiseksi mitä ne ovat koko olemassa olonsa odottaneet. Ne viestittävät aivoille autuuden tunnetta ja yrittävät saada sen jatkumaan. Siinä täyttyy eräs ohjelmoinin ehto ja se laukaisee pesänrakennus ja lisääntymis ohjelman. Sillä tapaamme paljon ihmisiä, mutta kun se oikea sattuu kohdalle, niin silloin halu yhteiselosta ja kodinperustaminen todentuu. Sitä on aina ihmetelty mistä tunnistaa sen oiken. Jotkut ovat sanoneet, että se johtuu ominaishajusta minkä tunnistaa. Voihan sekin olla osa tekijä mutta taas täytyy mennä sinne minkä kautta kaikki voidaan ymmärtää. Se on energia ja värähtely. Kun katsomme toista kehoa, niin näemme sen kiinteänä kuvana mielen kuvaruurulla. Tosiasiassahan se on erinlaisia värähtelyjä. Keho tällä värähtelyn tasolla ymmärtää paljon enemmän kuin se tajuaa fyysisellä tasolla. Keho lähettää ulos sydämestä sen värähtelyn mikä on, se mitä keho on ja edustaa omalla kehitys tasollaan. Kun kehot lähettävät ulospäin omaa värähtelyään, niin kahden kehon kohdatessa värähtelyt joko sopivat tai eivät. Värähtelythän ovat energiaaaltoja ja kun kaksi aaltoa kohtaavat, niin ne voivat vahvistaa tai kumota toisensa kokonaan. Jos ne kumoavat toisensa, niin tämä toisen kohtaaminen ei tunnu miltään tai se voi tuntua että toinen imee sinusta viimeisetkin mehut ja tunnet olosi huonoksi tai epämukakavaksi. Toinen vaihtoehto on, että tapaat kehon jonka värähtely on harmoniassa. Silloin molempien värähtelytaso nousee. Tunnet itsesi niin energiseksi ja mahtavaksi, että kaikki tuntuu mahdolliselta. Ja silloin olet saavuttanut sen mitä pohjimmiltasi olet. Henkinen ikuinen olento, joka on kokemassa kehollisia kokemuksia. Sen takia kun kaksi tälläista kehoa kohtaa toisensa, niin avautuu kanava henkiseen maailmaan ja silloin koetaan taivas maanpäällä. Siksi sen halutaan jatkuvan ja säilyvän ja se koetaan tämän toisen kehon avulla.

Solutkin lähettävät aivoille viestiä säilyttää tämä oleva tila koska ne voivat todella hyvin. Stressistä ja huolista ei ole tietoakaan ja hyvän olon kemikaaleja valuu niskaan. Ne ovat humalassa ja huumeissa samaan aikaan noin fyysisesti sanottuna. Sitähän solut meille kertoo voimmeko hyvin vai huonosti. Niinhän koko systeemi toimii. Me koemme tilanteita ja tapahtumia, teemme valintoja ja tunnereaktiomme mahdollistaa aivoille vapauttaa kemikaalia soluille, jotka sitten antavat palautteen miten voimme.Tieto kulkee sähköisenä värähtelynä hermostossa. Me olemme siis biokemiallinen sähköisellä tiedonvälityksellä toimiva kokonaisuus. Sitä ei kai kukaan voi epäillä.

Aivot kehittää sähköä ja energiavärähtelyjä. Sydän kehittää mittauksien mukaan 40-50 kertaa suuremman sähköntuotannon. Molemmat voidaan nykyaikana mitata.

Aivoista EKG ja kehon ulkopuolelta on mitattu sydämen lähettämään kenttää, joka muistuttaa lähinnä radiolähetettä. Sydän on se elin, joka pitää yhteyttä kentään ja muuntaa sen minkä uskomme energiasta atomitason todellisuudeksi, meidän tulevaisuudeksemme.

Vielä tästä energiakenttien harmoniasta. Kun kaksi ihmistä, joiden energiakentät omat harmoniassa ja he vahvistavat toisensa sellaisille värähtelytaajuuksille että heistä tulee henkisentason tiedostavia kehoja. He eivät sitä välttämättä tiedä jos eivät ole hengen tieteeseen perehtyneitä. He kokevat sen rakastumisena. Henkinen taso on pelkkää rakkauden olotilaa. Siellä ei ole muuta kuin puhtaasta pyyteettömästä rakkaudesta olevia tekoja. Sen vastakohta on fyysinen egon maailma, joka on pelkästään pelon tunteista lähteviä tekoja ja valintoja. Rakkaudentilassa unohtaa itsensä ja asettaa sen toisen etusijalle. Tekee valintoja, jotka ovat hyväksi ja tuottavat mielihyvää sekä onnellisuutta. Halua tehdä toisen onnelliseksi. Silloin kaikki tuntuu niin selvältä, mikään ei tulevaisuudessa pelota ja kaikki tuntuu järjestyvän parhain päin. Elämä on iloa ja huumaa täynnä. Teet tekoja ja valintoja, jotka osoittautuvat hyviksi jälkeenpäin ja ihmettelet miten tulit tehneeksi tai edes ajatelleeksi sillä lailla. Toisten neuvot ja varoittelut eivät paljon auta. Et paljon ajattele ruokaa tai muita arkisia asioita, jotka luonnistuvat kuin itsekseen. Kuullostaako tutulta jos olet ollut joskus tosi rakastunut. Mutta sitähän elämä henkisellä tasolla justiinsa on. Sen voi kokea yksinkin, jos yltää tarpeeksi korkealle värähtelytaajuudelle, mutta usein se koetaan juuri rakastumisen myötä. Meidän pitäisi elää joka hetki ja päivä tässä rakkauden tilassa eikä välttämättä kokea sitä toisen kanssa vaan henkilökohtaisella tasolla niin maailma olisi paljon parempi paikka elää. Joku voisi kutsua sitä paratiisiksi. Sitten on tämä toinen puoli kun tämä värähtelyjen harmonia ei riitä kantamaan sinne korkeuksiin asti. Silloin siitä tulee intohimojen , mustasukkaisuuden ja omistamisen temmellyskenttä. Silloin toimitaan egon maailmassa ja ohjelmissa. Siinä tulee silloin kaikki ne rakkauden vastakohdat, joita tuskin tarvii luetella.

Voit tietysti kysyä miten se on mahdollista elää taivasta maanpäällä. Se on hyvinkin mahdollista. Ensin täytyy murtautua siitä ajatusten ketjusta, jossa samat ajatukset seuraa päivästä toiseen. Alkaa ajatella mitä voin tehdä toisin, että se tuottaisi toisenlaisen lopputuloksen kun nykyiset ajatukset. Siinä tulee taas se tieto esille, miten kaikki toimii ja mitä pitää tehdä ollakseni onnellinen. Onnellisuus on vähän paha sana sillä se voi tarkoittaa eri ihmiselle eri asioita. Jollekin rahaa, toiselle rakkautta. Määritellään se nyt niin, että se on tyytyväisyyden ja ilon olotilan johon ei ulkoiset asiat eikä tapahtumat vaikuta.

Rakastuminen

Raskastumista on kun toinen ihminen saa omalla energiavärähtelyllä toisen ja itsensä värähtelemään korkealla harmoonisella värähtelytaajuudella. Tuo värähtely aukaisee kanavan korkeampiin tajunnantiloihin, henkiselle tasoille, mutta tätä voidaan käyttää myös liikelämässä, taiteessa ja missä muussa vastaavassa. Musiikin ja taiteen tekeminen on sitä, että saavuttaa sellaisen tilan jossa tajunta yltää vastaan ottamaan sävellyksen tai maalauksen aiheen. Sitä kutsutaan myös inspiratioksi. Monet sanovat saavansa idean milloin mistäkin asiasta tai tilanteesta. Musiikissa on monta hyvää esimerkkiä siitä kun oikeat ihmiset löytävät toisensa ja heidän yhteisvärähtelynsä yltää korkeuksiin ja menestys on käsittämätön. Esimerkkinä tulee mieleen The Beatles, Abba jne. Kun sitten tapahtuu, että jäsenten tiet erkanee, vaikka ovatkin hyviä muusikoita ja tunnettuina saavat jonkinlaista menestystä niin samoihin suorituksiin ja suosioon ei enää ylletä. Runoilijoilla, miksei muillakin taiteilijoilla on muusa, ihminen, joka ei välttämättä ole ihan rakastumiseen johtanut, mutta tämän ihmisen seura ja värähtely saa kanavan aukeamaan luovuuden tasoille. Siksi on vaikeaa arvioida mikä värähtely vaikuttaa mihin sillä joskus aukeaa kanavat vain luovuuden tasoille, joskus henkisille tasoille ja aukaisevat myös seksuaaliset halukkuudet. Ihmisellä on kehossa ohjelma, joka tähtää lisääntymiseen ja elämän jatkumiseen. Luonnossa eläimillä se on selvempää. On vuodenajat milloin lisääntymistä tapahtuu, ja silloin etsitään vain sopiva kumppani. Ihmisessä se on vähän monimutkaisempaa. Miehellä on normaalisti haku päällä koko ajan. Miehen ohjelmoinnissa on määrättyjä asioita, jotka kehittävät tätä halua suvun jatkamiseen. Se löytyy naisen muodoista, kaikki kaarevat muodot, rinnat, lanteet, sääret jne. manipuloivat tätä ohjelmaa koko ajan. Sitä nykyaikana ei ymmärretä kun kaiken pitää olla niin siistiä ja sopivaa. Seksuaalisen himon pitäisi esiintyä vain silloin kun aika on oikea ja aviokumppani löydetty. Niinhän sen tietysti pitäisi sivistyneessä je kehittyneillä ihmisillä ollakin. Mutta sitten on niitä, jotka eivät vielä yllä sille tasolle ja ovat kaiken aikaa houkutuksille alttiina mitä nykypäivän vapaa elämänmeno tarjoaa. Niinkuin normaalisti ongelma yritetään lakaista maton alle.

Silloin kun olet tässä rakkaudentilassa niin sairaudesta ei ole tietoakaan. Silloin aivot erittävät hyvänolon hormooneja ja solut voivat hyvin, ovat avoinna ja kasvun tilassa. Puhun taas soluista sillä ne ovat tärkeitä, nehän antavat meille rakenteen, toiminnan ja elämän. Solut kertovat myös miltä meistä tuntuu. Miten sitten sairastumme ja mikä meissä sairastuu. No tietenkin solut. Eihän kehossa muuta ole. Siellä ei ole muuta kuin soluja. Kaikkien sairauksien alkusyy on stressi. Ja nykyään stressi on jatkuvaa siksi myös sairaudet lisääntyvät. Ennen jos kyläyhteisöä uhkasi villieläimet tai naapuriheimo, stressiä oli kuitenkin vain sen verran kuin tilanne kesti ja sitten palattiin normaaliin elämään. Nykyään stressin aiheita on jatkuvasti. Työ-, talous-, ulkonäkö-, menestyshuolet ja jälkikasvu siinä muutamia. Myös negatiiviset ajatukset aiheuttavat stressiä. Stressitilanteessa ohjaus siirtyy alitajunnalle. Jo sen takia, että tietoisen mielen tietojen käsittely kapasitetti on vain 2000 b sek kun alitajunnalla se on 40 miljoonaa b sek. Ja alitajunta jo muutenkin säätelee kaikkia tahdosta riippumattomia toimintojamme. Alitajunta ei järkeile mikä on todellista tarvetta "taistele tai pakene" reaktiolle. Jos mieli lähettää sille signaalia huolista tai kielteisistä ajatuksista jne, alitajunta tulkitsee ne uhkaaviksi ja varustautuu taistelemaan tai pakenemaan että tilanteesta päästään eroon. Mutta näistä tilanteista ei ole pois pääsyä, sillä mieli vaan jatkaa samaa kehää. Stressi rajoittaa verenkiertoa kaikelta vähemmän tärkeältä kuten ruuansulatukselta, tietoiselta mieleltä jne sekä ohjaa isoille lihaksille käsiin ja jalkoihin. Siksi et esimerkiksi kykene tekemään niin järkeviä päätöksiä stressin ollessa päällä kuin sinulla olisi mahdollisuuksia. Lisäksi immuunijärjestelmä suljetaan eli kehon itseparannus keskeytyy. Jos stressi on jatkuvaa niin se ei ole koskaan päällä, paitsi nukkuessa. Jos todella kuolemanvaara uhkaa niin paljon tärkeämmät on käsien ja jalkojen isot lihakset pitää valmiina taisteluun sekä pakenemiseen. Jos käy niin huonosti, että kuolema on seurauksena, niin on aivan sama oliko parannus päällä vai ei. Tästä valtavan hienosta itseparannuksesta saa näytteen esim haavan tullessa. Se paranee itsekseen ellei se ole liian suuri että sitä täytyy jotenkin kuroa yhteen. Katkenneet luut luutuu yhteen jne. Sama koskee myös sairauksia ei se rajoitu näihin näkyviin fyysisiin toimiin vaan se koskee kaikkea mikä poikkeaa terveestä kehosta. Se pyrkii palauttamaan kehon normalintilanteen. Kun nukumme silloin on kehon parannus järjestelmä käytössä. Silloin verho joka on kehon ympärillä sulkee kaiken tunteiden vaikutuksen kehoon ja antaa parantumiselle mahdollisuuden. Sen takia vaikka stressitilanne on jatkuvaa, mutta kuitenkin saadaan kunnon yö unet, niin parannusta tapahtuu. Siinä vaiheessa kun tulee univaikeuksia tilanne alkaa olla aika pahalla tolalla. Siksi usein vaikeasti loukkaantunut vaivutetaan koomaan koska silloin toipuminen on jatkuvaa.

Ja miksi keho sitten sairastuu. Kun rakkauden tilassa solut ovat auki ja kasvun tilassa niin stressin vallitessa solut sulkevat itsensä ja käpertyvät kasaan. Silloin aivot erittävät aineita, joita voisimme sanoa myrkyiksi. Solut siis käpertyvät ja lähettävät aivolle palautetta ettei nyt voida hyvin. Jos tämä jatkuu pidempään niin sairauksia on tiedossa. Solujen täytyy olla auki ja kasvun tilassa että ne toimivat ja lisääntyvät normaalisti. Soluja kuolee miljoonia joka sekuntti ja ne pitää korvata uusilla. Jos solu on kiinni ja käpertynyt, lisääntyminen ei tapahdu oikea aikaisesti eikä parhaalla mahdollisella tavalla. Ja jossain vaiheessa alkaa syntyä sairaita soluja. Kun siis sanotaan, että sairastut niin se on solu joka sairastuu. Se tapahtuu ensin energiatasolla mikä ilmenee myös fyysisellä tasolla. Stressi siis aiheuttaa sen, että solu saa kemikaalia jonka se kokee myrkyksi ja sen takia sulkeutuu ja käpertyy. Sitä ennen mieli ja aivot ovat kokeneet tapahtumat stressiä aiheuttavina. Sitä ennen on tapahtunut jotain, joka saa kokemuksen tuntumaan negatiiviselta. Miten sitten voi fyysisellä tasolla korjata sen jonka alkusyy on energiatasolla. Nykyinen terveydenhoito kokee ihmiskehon mekaanisena koneistona, joka saadaan korjattua kun jotain koneiston osaa korjataan. Lääketiedehän ei ota mitään henkistä tai energiallista puolta huomioon.

Kuvitellaanpa, että jos eläisimme oikein eikä stressiä olisi kenelläkään ja kehon immuunijärjestelmä toimisi niinkuin se on suunniteltu toimivan. Niin kaikki lääkärit, terveydenhuolto, lääketeollisuus olisivat turhia. Kun ajattelet maailmanlaajuisesti kuinka valtavasta asiasta on kysymys ja kaikki vain sen takia, että olemme ymmärtäneet elämän ihan väärin.

Sairaudesta vielä sen verran ,että se yleensä mielletään ja uskotaan geeneistä johtuvaksi, niin sekin on harha käsitys. Silloin annetaan geeneille sellainen päätösvalta että ne päättävät koska ihminen sairastuu jos sairastuu. Geenit on DNA:ssa ja tietoisuus lukee DNA:ta ja valmistaa tarvittavan proteiinin sen mukaan minkälaista toimintaa tarvitaan.

Geenit siis eivät päätä eivätkä tee mitään. Geenit ovat vain olemassa suunnitelmana ja niitä luetaan kun tarvitaan proteiinia. Pari juttua vielä geeneistä. Aikoinaan luultiin, että kun geenit saa hedelmöityksen jälkeen kehon rakennuksen käyntiin, niin geenit hoitaa elämän ohjauksen elämän loppuun asti. Toinen mikä johti olettamukseen että geenit hallitsevat elämää oli kun luultiin solussa olevan tuman solun aivoiksi. Tuman arveltiin ohjaavan solun toimintaa. Mutta tuma voidaan poistaa ja solu jatkaa toimintaansa ja hoitaa tehtävänsä niin kauan kuin se elää tai sillä ei ole vaadittua proteiinia valmistettavaksi. Lisääntymään se ei enää pysty. Eli tumaa tarvitaan solun lisääntymiseen. Kun solu lisääntyy niin tumassa oleva DNA kopioidaan uuteen soluun. Siis sehän on selvää että jokaisessa 50 000 000 000 000 solussa on tuma ja siis DNA sekä geeni varasto. Mikä näistä soluista päättää käyttää tämän syöpä geenin. Mistä se saa idean ja miten järkeilee, että nyt on aika valmistaa syöpä toiminto. Solulla ei ole aivoja että se toimisi itsenäisesti tehden päätöksiä. Vaikka se tavallaan on itsenäinen oma yksikkö, niin se toimii tunnereaktiomme ohjauksen mukaisesti

Mikä saa sairauden puhkeamaan. Yleensä syytetään bakteereita, viruksia, ruokaaineita tai ympäristö myrkkyjä. Mutta entä jos kaikkia näitä aineita on jo kehossasi koko ajan? Mikä sitten määrittää ajankohdan milloin ne puhkeavat sairaudeksi ja kenellä? Nykyään on paljon sellaisia sairauksia, joille ei ole edes diagnoosia. Eikä tiedetä yhtään mistä ne johtuvat tai mikä ne aiheuttaa. Silloin se on luulosairaus, joka on korvien välissä. Mutta sieltähän ne kaikki muutkin sairaudet saavat alkunsa. Jos nyt leikitään vähän aikaa ajatuksella esim. syöpään sairastumisesta mikä on nykyään hyvin yleistä. Yleensähän se on kasvain, joka tulee johonkin elimeen. Elin on ryhmä soluja, jotka yhdessä tekevät työtä saman päämäärän saavuttamiseksi. Siinähän muut ryhmän jäsenet ovat luovuttaneet yksityisyytensä yhteisen päämäärän hyväksi. Niiin mikä saa yksittäisen solun luopumaan tästä päämäärästä. Sillä yksittäisestä solustahan se kaikki alkaa. Mitä tapahtuu että se ottaa johtajuuden ja alkaa kasvattaa uutta soluyksikköä. Sillä on selvä tehtävä se saa signaalin. Sillä on geeni ja se valmistaa proteniinin mikä saa sen solut tekemään sen tehtävän mitä siltä odotetaan. Jos lopputulokseen on vain kaksi vaikutusta, geeni ja signaali niin kummassa on mahdollisesti vikaa. Geenissä se ei varmaankaan ole niin jäljelle jää signaali. Eli se minkä aivosi lähettävät ympäristön viestejä tulkittuaan.

Seuraavaa on havaittu geeni tutkimuksissa jos terve solu viedään ympäristöön missä solut ovat sairastuneet terve solu sairastuu välittömästi. Jos taas tämä solu siirretään terveeseen ympäristöön se paranee välittömästi. Toinen mielenkiintoinen tutkimus. Tapaukset missä kehossa on vaikka rintasyöpäriski ns. geeniperimän muodossa, niin niistä noin 50 % sairastuu. Adoption kautta vauvana sukuun hankitut lapset sairastuvat suunnilleen samoilla prosentti luvuilla vaikka heillä on ihan eri geeniperimä. Mitä voimme tästä päätellä.

Vielä kehon ohjelmoinnista ja stressistä sekä sen vaikutuksista terveyteen. Kehon ohjelmista tärkein on hengissä pysyminen mikä tarkoittaa suurimmilta osiltaan stressiä. Sillä siinä varaudutaan tilanteeseen, jossa on kaikki pelissä; joko kuollaan tai pelastutaan. Keho varustautuu yhteen mahdollisuuteen ja siinä laitetaan kaikki peliin. Kaikki mikä ei ole tärkeää eikä auta pelastautumista suljetaan. Sillä jos kuolema korjaa niin imuuni suojalla, ruuan sulatuksella, tietoisen mielen toiminnalla, solujen ravinnon saannilla jne. ei ole mitään merkitystä. Ajattele jos keho varustautuu tällaiseen tilaan ettei normaalilla elintoiminnoilla ole mitään tarvetta ainostaan sillä, että saadaan lyhytaikainen maksimaalinen suoritus taisteluun tai pakenemiseen. Niin miten keho voi toimia normaalisti jos tällainen tila on päällä jatkuvasti? Vaikka stressiä on kolmea eri laatua niin kaikilla on sama vaikutus. Eihän se ole mitenkään mahdollista, että keho kestää pitkään edellä kuvattua tilannetta. Nykyään on kaikenlaiset huolet tulevaisuudesta, työpaikasta, rahasta, lapsista, ulkonäöstä jne. luetteloa voisi jatkaa loputtomiin. Eikä sovi unohtaa negatiiviset ajatukset ja teot ne on myös huomioitava. Se on sellainen yhtälö mikä ei voi toimia jos ajatellaan, että kehon pitäisi näissä oloissa pysytellä terveenä. Ihme että yleensä selviää näinkin hyvin kun tänä päivänä selviää.

Elämän näkymiä

Vaikka on ollut monenlaista todistelua ja spekulaatiota siitä mikä tämän kaiken näkyvän takana on, niin täytyy sanoa että elämä tällaisena kuin sen koemme, on mahtava mahdollisuus. Ei missään universumin kolkassa voi kokea tälläista. Siitä saa olla kiitollinen, että on saanut tämän kokea. Välillä kaikki ei ole niin kivaa jos on vaikeuksia kasaantunut koettavaksi. Mutta mihin vertaa niitä hyviä hetkiä jos ei niihin vähemmän hyviin. Eikä ne huonotkaa olisi niin huonoja jos oikein elämän oivaltaisi. Onhan se ihan sama kokemuksen kannalta vaikka elämme tietokone simulaatiossa ja solut kertovat meille mitä koemme ja sen mukaan mitä kemikaaleja soluille lähetetään. On tarkoitettu, että koemme ne niinkuin koemme saadaksemme sen kokomuksen mikä on tarpeen. Se on tärkeää. Mutta kaikkea aikansa. Joskus tulee kaikille se raja ja aika kun kaikki on koettu ja nähty. Silloin täytyy olla tietoa, että ymmärtää mistä tässä kaikessa on kysymys. Vaikka koemme pahoja, huonoja asioita ja teemme tekoja, jotka suuremmalla ymmärryksellä ovat käsittämättömiä niin kuitenkaan emme niitä todellisuudessa tee koska täällä mikään ei ole todellista. Niinkuin jotkut sanovat näemme unessa unta. Kun näet unta ja jos uni on hyvä, et haluaisi herätä. Jos näet painajaista ja heräät, niin huokaiset että onneksi se oli unta. Entä kun joskus heräät tästä unesta ja ensin huokaiset helpotuksesta ja sitten tulee katumus kuinka paljon olisi ollut koettavaa ja kuinka paljon menetit kun uskoit elämän olevan ihan jotain muuta kuin se oli. Ehkä joskus vannoit itsellesi, että kun joskus pääset täältä pois, ei ikinä enää takaisin. Sitten kun olet päässyt pois ja huomaat kuinka asiat todellisuudessa olivat, ei mene kauaakaan kun haluat takaisin korjaamaan ne asiat, joissa et onnistunut. Ja nyt ehkä vannot, että tällä kerralla ihan varmasti onnistun. Ja kuinkas sitten kävikään.

Eihän siinä mitään yrityskertojahan riittää, mutta jossain vaihessa aikarajat tulee vastaan. Niinkuin nyt on käynyt. Maya kalenteri loppui joulukuuhun 2012. Se oli yhden aikakauden päätös.

Jotkut kokee jo täällä ollessaan taivaallisen ihania tunteita. Niinkuin me kaikki kun emme ole kehoihin sidottuja. Siis silloin kun olemme ns. kuolleita. Elämä siellä voi olla taivaallisen ihanaa tai sitten ei. Riippuu mihin uskot. Se pätee kuolemankin jälkeen. Et voi joutua sellaiseen paikkaan minkä et usko olevan olemassa.

Olet täynnä pyyteetöntä rakkautta, mutta ei ole mitään mihin sitä verrata. Jos siellä joku vaikka iltasatuna lukee millainen tämä maailma on, niin ei se paljoa hetkauta kun kokemus ja sen kokemuksen aiheuttama muisto puuttuu. Sen takia uskon tämän maailman olevan olemassa, että saamme sen kokemuksen. Meillä on kuitenkin koko iäisyys aikaa käyttää kokemuksien hankintaan. En nyt yksin tarkoita tätä maailmaa mitä nyt koemme vaan kaikkea sitä mitä on tulossa tämän jälkeen. Niinkuin sanottu kaikki on energiaa ja energia on ikuista ja me olemme energiaa. Olemme aina olleet olemassa ja tulemme olemaan. Muodot ja maisemat saattaa muuttua. Kaikkeen pitkästyy, joskus on hyvä että maisema vaihtuu.

Kaikki vaikuttaa kaikkeen, ihan kaikkeen. Sitä on vaikea tajuta miten pienetkin asiat ratkaisevat paljon. Mitä ajattelemme, puhumme, mietimme ja mitä haluamme elämältä. Kaikki toteutuu muodossa taikka toisessa. Koska tavallaan menemme koko ajan eteenpäin niin jonkun täytyy muovata ja muodostaa se mitä koemme. Korostan vielä sitä minkä tiedemiehet ovat todenneet. Kaikki noudattaa matemaattisia kaavoja ja jos yksikin desimaali heittää niin tämä ei olisi mahdollista. Tämä koskee kaikkia asioita. Eihän se voi olla, että vain jotkut asiat ovat niin vaan se koskee ihan kaikkea.

Me voimme täällä luoda ja kokea niin ihania asoita joihin meillä on mahdollisuus. Me olemme täällä harjoittelemassa luomista, että näkisimme miten asiat vaikuttavat toisiinsa. Niinkuin olemme rakkauden tilassa ja haluamme asettaa jonkun toisen itseämme tärkempään asemaan. Antaa hänelle enemmän kuin itsellemme ja tuottaa hänelle mielihyvää sekä saada nautinto ja hyvän olon tunne siitä kun toinen on onnellinen. Sellaista sen pitäisi olla kaikkien ihmisten kesken että voisimme sanoa että, taivas on laskeutunut maanpäälle. Silloin huomaisimme, että kun olemme tuottaneet toiselle onnellisuuden, niin itsekin olemme onnellisia. Kaikki ovat onnellisia. Voiko enempää vaatia, vaan kuinka kaukana tuosta kaikesta olemme. Se että olemme tietokonesimulaatiossa tai emme, ei yhtään vähennä sitä mitä olemme tulleet tänne oppimaan. Opetusmenetelmästä voimme käydä keskustelua, mutta emme itse opiskelusta ja tuloksista sekä saavutuksista. Sillä kaikella on tarkoitus ja päämäärä. Ei täällä huvin vuoksi olla vaikka tästäkin voi ottaa kaiken irti mitä on otettavissa. On tärkeää tietää ettei täällä ole kuin lastu laineilla ja tuulen vietävänä ja ettei itsellä ei ole mitään mahdollisuuksia vaikuttaa omaan elämäänsä. On vaarallista ajatella, että on täällä geenien ja olosuhteitten armoilla. Siihen helposti ajautuu jos ei edes sen verran ole tietoa miten asiat todellisuudessa ovat. Kun kuitenkin ns. sinä muodostuu pääosin jo kahden ensimmäisen vuoden aikana ja täyttyy kuuteen vuoteen mennessä. Olet täysin ohjelmoitu ja aikuisiällä toteutat ja toistat näitä ohjelmia. Mutta kaikkea voidaan muuttaa, vanhoja ohjelmia poistaa ja korvata uusilla paremmilla. Se on yksi kasvun ja viisastumisen merkki että ymmärtää sen.

Ajattele asiaa siltä kannalta, että itse olemme tätä halunneet ja ajatelleet pitävämme hauskaa. Luomalla kaikkea kivaa mitä mieleen juolahtaa, nauttia toistemme seurasta ja tuntea se tunnekirjo mikä on mahdollista vain täällä, ei missään muualla. Kukaan ei ole meitä pakottanut tähän, tämähän on mukava seikkailu. Mutta niinkuin kaikki tämäkään ei mennyt ihan niinkuin suunniteltiin, mutta erehdyksistä opitaan. Varmaan tämäkin oli suunniteltu, että tällainen lankeaminen tapahtuu. Kai tämäkin piti kokea. Ilman näitä kokemuksia ei kai olisi sitä mitä nyt olemme. Kaiken kokeneita, kaikesta selvinneitä sotureita.

Pari asiaa pohdittavaksi. Kun puhtaasta vedestä jäätyneestä jääkiteestä ottaa valokuvia, niin saa kauniita täydellisiä kidekuvia. Kaikki ovat erilaisia, mutta kauniita ja täydellisiä. Jos ottaa vesijohtovedestä muotoutuneita kiteitä, niin siellä on puolikkaita, vajaita ja epämuodostuneita kiteitä. Ja kun ottaa kuvia saastuneesta vedestä, niin kauniin kiteen tilalla on lima klönttin näköinen kuvio. Vesihän tässä edustaa fyysisen tason ilmentymää ja kide energiatason energiakuviota, jonka mukaan vesi rakentuu. Siitä voidaan päätellä, että jos fyysille tasolla tapahtuu muutoksia ne vaikuttavat myös energiatason rakenteisiin. Nyt voitaisiin ajatella, että jos halutaan saada täydellisiä kidekuvia vesi tarvitsee suodattaa ja puhdistaa jonkinlaisella puhdistus menetelmällä. Mutta jos tehdäänkin niin, että tuodaan tämän veden lähelle niin korkeataajuista värähtelyä joka korjaa veden energiarakenteen suoraan energiatasolla. Eikö voitaisi päätellä, että veden energiarakenne on korjattu ja saadaan täydellinen kidekuva niin myös vesi on puhdistunut. Sillä veden ja energiarakenteen täytyy vastata toisiaan. Ei saastuneesta vedestä voi saada täydellisiä kidekuvia. Fyysisen ja energiatason on vastattava toisiaan. Nyt se asia joka pitää uskoa tai tietää, että jokaisella fyysisellä tasolla ilmenevässtä asiasta on energia- eli henkisentason malli. Ja vielä niin, että ensin on energiatason malli ja sen jälkeen se ilmenee fyysisellä tasolla.

Toinen esimerkki tosielämästä. Muutama vuosi sitten jouduin menemään hammaslääkäriin kipeytyneen hampaan vuoksi. Yleensä pelkään hammaslääkäriä kouluiässä tapahtuneen hoitovirheen seurauksena. Tuolloin vedettiin hammas pois ilman puudutusta. Aikaisemmin olen ollut pienen reiän paikkaamisen vuoksi hermostuneempi ja pelokkaampi. Vaikka nyt oli vakavampi asia kyseessä särky oli kova ei varmaan mikään pikku reikä. Mutta olin ihmeen rauhallinen ja luottavainen. Kun sitten pääsin sisään diagnoosi oli, viisauden hammas ja niin pahana, että ainoa keino oli poistaa hammas. Hammaslääkäri sanoi ettei yleensä poista hampaita, ei etenkään viisauden hampaita. Siinä vähän aikaa keskusteltiin asiasta ja hän päätti yrittää hampaan poistoa. Ja hetken kuluttua hammas oli asetilla ja lähti helposti ja kivuttomasti pois. Nyt kysymys kuuluu tiesinkö ennalta, että kaikki tulee käymään hyvin . Vai kävikö kaikki hyvin koska olin luottavainen ja uskoin niin käyvän. Joka tapauksessa tässä tapauksessa tunne, joka koski vasta tulevaisuudesssa tapahtuvaa asiaa , oli oikea. Koska silloin kun tämä tunne ilmaantui, itse tapahtuma oli energiatasolla vasta muotoutumassa tulevaisuuden tapahtumaksi. Kuitenkin tunne piti paikkansa tapahtuman kanssa jota ei vielä ollut olemassa eikä niin, että luottavainen rauhallinen odotus olisikin johtanut vaikeaan kivuliaaseen tapahtumaan.

Tarkoitan tällä sitä, jos kannamme huolta tulevasta, riittääkö rahat, säilyykö työpaikka, miten talous kehittyy, tuleeko sota jne. Onko niin että tällä huolehtimisella teemme tulevaisuuden tapahtumat vastaamaan kuvitteluamme. Vai onko niin, että tulevaisuudessa onkin jotain mistä on syytä olla huolissaan. Jos näin on, entä jos muutammekin asennettamme ja olemme luottavaisia sekä iloisen odottavaisia siitä että kaikki järjestyy ja menee hyvin. Silloinhan tulevaisuudenkin on tapahduttava niin että koemme iloa kaiken mennessä hyvin. Koska näiden kahden olemuspuolen on vastattava toisiaan. Eikö silloin ole tärkeää, että olemme luottavaisia, rauhallisia,iloisia, nautimme elämästä ja luotamme kaiken menevän hyvin. Silloinhan ei mitään muuta voi tapahtua.

Palaan vielä sairauteen. Jos pelkäämme sairastuvamme, koska syömme sitä sun tätä ja olemme ehkä hieman ylipainoisia, silloinhan sitä saa vaikka minkä sairauden. Jos vielä suvussa on ollut sokeritautia, sydänsairauksia tai syöpää. Jos todella pelkäät ja ajattelet näitä niin mitä muuta mahdollisuutta tulevaisuudella on kuin antaa nämä sinulle, että se vastaa sitä tunneasteikkoa mikä sinulla on tulevaisuuden suhteen. Entäpä toisin päin, jos olet jo sairastunut ja sitten alat ajatella kyllä minä tästä selviän minulla on vielä paljon ihania asioita koettavana. Sitten toivot ja alat odottaa milloin pääset ne asiat kokemaan. Jos todella luotat elämään ja paranemiseen, niin ainoa mahdollinen tulevaisuus on että paranet. Jos sairaus on ollut vakava, niin onko paraneminen silloin ihmeparantuminen.

Eräs asia vielä sairaudesta. Sairaus on aina ensin fyysisellä mielen tasolla ja sen aiheuttaa stressi. Stressiin johtaa edellä luetellut huolet ja murheet tulevaisuudesta. Se aiheuttaa energiavuotoja ja poikkeamia energia tasolla, mitkä sitten todentuvat fyysisellä tasolla. Se on kuin jääkide johon tulee muotovirheitä. Perinteinen ns, käsillä parantaminen mitä itsekin olen tehnyt on todella hyvä ja tehokas tapa parantaa sairauksia. Siinä välitetään korkeataajuista energiaa joka korjaa nämä kehon energia vuodot ja muotovirheet. Silloin myös fyysisen tason sairaus häviää. Eli se on sama kuin jääkide korjataan energia tasolla täydelliseksi ja vesi on sen jälkeen puhdasta.

Sanotaan rakkaus laihduttaa. Näinhän se tekee sillä silloin elät niinkuin sinun pitäisi elää koko ajan. Nämä on jo aiemmin sanottu. Silloin et ajattele mitä saattaisi tapahtua jos teet niin tai näin. Yksinkertaisesti vain teet sen mikä tuntuu hyvältä ja oikealta. Et tarvitse lohtusyömistä etkä ajattele lihottaako joku mikä maistuu hyvältä. Eli jää pois kaikki turha jossittelu, koska hyvä olo johdattelee tekemään lisää sellaista mikä aiheuttaa lisää hyvää oloa. Kun siihen ei liity mitään epäilyä eikä syyllisyyttä eri asiat vaikuttavat aivan eri lailla kun tekisit ne tylsistyneenä ja syyllisyyttä tuntien. Onhan se selvää, että jos sinä synkistelet ja luot kauhukuvia mielessäsi tulevaisuudesta, niin eihän sinun toinen puoliskosi energiatasolla voi kiljua riemusta ja olla onnellinen. Asia on päivänselvä, mutta ensin täytyy tietysti hyväksyä se tosi asia, että sinä olet muutakin kuin mitä olet koulussa sekä muilta ihmisiltä oppinut. Melkein kaikki mitä koulussa on opittu ilmisestä ja kuinka ihminen liittyy luontoon sekä ympäröivään maailmaan, ei pidä paikkaansa. Jos ajattelen kuinka tiede ja uskonto selittää sen keitä olemme ja mistä tulemme sekä miten liitymme ympäröivään maailmaan, niin siellä on suuria aukkoja ja epäjohdonmukaisuuksia. Silti ne ovat vielä voimassa olevia tieteellisiä totuuksia, joiden mukaan suurin osa väestöstä maapallolla elää. Uusia löydöksiä ja oivalluksia on olemassa tieteessäkin, jos haluaa nähdä vähän vaivaa. Mutta miksei niitä julkisteta ja yritetä oikaista tätä vääriin arvioihin perustuvaa historiaa, tiedettä, taloutta jne.. Valta, raha, yleinen sekasorto on varmaan taustatekijöitä. Mikä olisi luottamus enää mihinkään mitä valtaa pitävät yrittävät ihmisille syöttää kun paljastuu kuinka paljon meitä on harhaan johdettu.

Asia yhteyksiä

Yhdistelen vielä muutamia asioita. Aikaisemmin totesin, että sydän on kehon suurin sähkö-ja magneettikentän tuottaja. Ja se tuottaa myös energiaa,joka seurustelee tämän ympärillämme olevan kentän kanssa. Kentän, jota kutsutaan ikuisuuden mereksi, maailman älyksi, jumalaiseksi matrixiksi jne. missä kaikki elämän polut ja kohtalomme vellovat ikuisessa energiassa. Sydän on se elin, joka seurustelee tämän energian kanssa. Sydän välittää ne meidän mielialat ja tuntemukset sekä huolen että ilonaiheet ja muuttaa ne tulevaisuuden kokemuksiksi. Ja tähän käytetään erinlaista värähtelytekniikkaa kuin mitä perinteinen sähkö on. Sydänhän tuottaa sitäkin kehon tarpeisiin. Aikaisemmin todettiin, että jos tunnet luottamusta ja levollisuutta asioiden sujumiseen hyvin, niin ne tunteet välittyvät sydämen kautta kentään. Jo vuonna 1991 havaittiin sydämellä olevan omat aivot, joilla on suora hermorata- yhteys päässä oleviin aivoihin. Eli aivot ja sydän toimivat yhdessä ja molempiin suuntiin. Siis myös kentästä tulee tietoa sydämeen ja sen sydämenaivot muokkaavat tiedon siihen muotoon että aivot voivat sen ymmärtää ja antaa tuntemuksia meitä koskien kentästä käsin. Aivot voivat vapauttaa yli 13000 eri kemikaalia kehoomme, jotka solut tulkitsevat tunteiksi jotka tunnemme.

Koska kentässä on kohtalomme ja polku, jota tällä hetkellä kuljemme ja joka vastaa värähtelymme tasoa, kenttä voi lähettää meille tietoa mitä on tulossa, mihin polkumme on johtamassa. Jos osaamme kuunnella kentän värähtelyjä , ja tulkita niitä viestejä sillä siinä on kohtalomme. Sydän on jatkuvassa yhteydessä kentän kanssa, niin se mitä ajattelemme tulevasta ja mitä on tuleva, niin siitä viestit menevät molempiin suuntiin ja niitä voidaan hyödyntää. Tämä elämän polku on haaroja täynnä, se ei ole yksi suora linja. Se johdattaa meidät haarojen kohdasta toiseen. Niiden välillä on tapahtumia, jotka johdattavat meidät valintatilanteeseen. Siinä kohdassa jos valintamme on sellainen, jonka suunta on rakkautta kohti, niin värähtelytasomme nousee ja saamme polusta haaran joka johtaa miellyttävimpiin kokemuksiin. Joku huonompi valinta johtaa huonompiin kokemuksiin.

Sydän on tärkein elimemme monessakin mielessä. Jos sydän pysähtyy niin kaikki katkeaa ja loppuu siihen. Se on kuin robotista käännettäisiin kytkimestä virta pois. Kaikki pysähtyy ja kuva mielemme näytöltä häviää, koska sähköntuotanto lakkaa. Sitähän sanotaan, että kun jotain pitäisi päättää, kuuntele sydäntäsi älä järkeäsi. Sydän tietää aikaisemmin kuin aivot mitä tulee tapahtumaan. Asiasta on suoritettu seuraavanlainen testi. Tietokone valikoi näyttöön tulevat kuvat sattuman varaisesti, kukaan ei tiennyt mikä kuva tulee seuraavaksi. Kuvat sisälsivät aiheita, jotka aiheuttivat mielyttäviä tai epämielyttäviä tunne tiloja ja sydän tiesi etukäteen millainen kuva oli tulossa. Ja viesti minkä se lähetti aivoille, oli erilainen riippuen kumpaa tunnetilaa kuva edusti. Se osoittaa, että sydän vastaanottaa tiedon ensimmäisenä ja sen jälkeen se siirtyy aivoille. Kokeellisesti on voitu osoittaa, että kun näytetään kuvia sillä tavalla, että ne ilmestyvät silmille nähtäksi ja niiden aiheuttama tunnereaktio mitattiin mittalaiteilla aivoista ja sydämestä, niin sydän tiesi kuusi s ja aivot kaksi s ennen kuvan ilmentymistä mitä sieltä on tulossa. Aivot ovat yhteydessä tietoisuuteen ja sydämeen sekä sydän kenttään. Sydämellä on myös sisään rakennettu oma hermojärjestelmä, joka sisältää tunne, muisti ja oman käyttö järjestelmän, joka on aivoista riippumaton. Elämme siis kentässä, joka sisältää kaiken tiedon mitä on. Sillä kaikki tasot ovat tässä toistensa sisällä. Keholla on omia kenttiä, eli verhoja, nämä kentät sisältävät tietoa. Ne ovat magneettikenttä ympärillämme. Sydämellä, lihaksilla, aivoilla, DNA:lla jne on omat kentät. Ja koska elämme kentässä niin kehon kenttien täytyy olla erinlaisia kuin tämän kentän jossa elämme. Muuten ne sekottuisivat ja menisivät sekaisin. Mutta kun niiden toiminta perustuu erinlaisiin värähtely muotoihin, niin ne eivät vaikuta toisiinsa. Ja sen takia sydän on tässä välissä muuttamassa näitä kahden erilaisen värähtelyn keskustelua.

Nyt täytyy vaihtaa aihetta sain niin vahvan viestin. Olen yrittänyt ennenkin painottaa tätä. Jokaisen on otettava vastuu omasta terveydestään ja tekemisistään. Ei voi mennä siihen että syyttää ympäristömyrkkyjä, säilöntäaineita, syöpää aiheuttavia elintarvikkeita, geenejä jne. Nämä kyllä voidaan todeta syyllisiksi kun tarvitaan todisteketjua millä osoittaa jokin asia mahdolliseksi. Kaikki saavat näitä samoja myrkkyjä elimistöönsä, mutta vain toiset sairastuvat. Jos syyttää näitä ja muita asioita, niin luopuu siitä että voi vaikuttaa asioihin. Luovuttaa ja ajattelee, että sama se mitä tekee, sairastun kuitenkin. Sinä itse ajattelet ne ajatukset ja teet valinnat ei kukaan muu. Lääketieteelle sopii hyvin syyttää edellä mainittuja asioita. Sillä lääketiede ei tule vapaaehtoisesti ilmoittamaan että se on väärässä. Kun ajattelet kaikkia niitä organisaatioita, tutkimuslaitoksia, tiedealoja, yliopistoja, lääketeollisuutta jotka tänä päivänä työllistävät ja takovat rahaa niin kukaan siinä mukana oleva ei lähde sahaamaan omaa oksaansa.

Mutta järjestys on tämä. Sydän vastaanottaa tietoa ympäröivästä kentästä ja muuttaa sen muotoon jonka kehon sähköjärjestelmät ja hermoradat tunnistavat. Sydän lähettää tämän muunnetun tiedon hermorataa pitkin aivolle ja aivot muuttaa sen fyysiseen muotoon ja erittää kemikaaleja kehoon. Solut tunnistavat kemikaalit ja lähettävät palautetta aivoille miltä meistä tuntuu ja tämä tieto menee tietoisuudelle ja silloin tiedämme minkä tunteen tapahtuma meissä aiheuttaa.

Siis sydän vastaanottaa tietoa meitä ympäröivästä kentästä eli meidän ulkopuolelta. Sydämessä sijaitsee tietoisuus. Silmät ovat ikkuna meidän ulkopuolelle, vai onko? Jos katsot puuta niin puussa on värähtelytajuus, joka heijastuu meidän silmiimme nimenomaan värähtelyvirtana. Jos mennään vielä vähän taaksepäin. Kun on yö, niin kaikki on pimeää mitään ei ole näkyvissä. Kun aurinko nousee se saa kaiken näkymään. Aurinko lähettää valkoista valoa . Avaruuden läpitullessaan se ei kohtaa mitään vastusta, niinpä avaruus on pimeä. Tullessaan maapallolle auringonsäteet törmäävät erinlaisiin vastuksiin, jolloin valo fotonit luovuttavat energiansa ja saavat kohteen näkymään.

Kun tämä fotonivirta osuu äsken mainittuun puuhun, niin valo fotoni virta niiltä osin kun se kohtaa vastusta, luovuttaa energiansa ja loput valovirrasta jatkaa matkaansa. Sen osan valovirrasta, mikä kohtaa vastusta, ei tarvitse olla kiinteää ainetta vaan riittää että siinä on, joku energiatihentymä. Se saa esim puu vertauksessa pääosin vihreän aallonpituuden pysähtymään. Silloin siinä on vihreän aallonpituuden energiatihentymä puun muodossa ja se saa puun näyttämään halutun muotoisena ja värisenä.Nyt tämä puu lähettää säteilyä, jonka silmä ottaa vastaa. Silmän linssi kerää värähtelytaajuudet ja taittaa ne yhdeksi säteeksi silmän pohjalle. Sieltä se hermoratoja pitkin johdatetaan pään takaosaan, jossa se muodostaa kuvan niin kuin kameran lcd näytölle. Tähän asti auringosta lähtien se on ollut värähtelynä ja vasta nyt siitä muodostetaan kuva niinkuin me sen ymmärrämme. Samoin on muiden aistien kanssa. Jos kosketat jotain sormillasi niin paine, joka kohdistuu sormenpäihin lähtee datana eli värähtelytaaajuutena hermoratoja pitkin aivolle, jossa se muutetaan tuntemukseksi. Koska sinulla on jo aiempi samanlainen tuntemus, niin tiedät vanhasta muistista mitä kosketat. Aivoissa muutetaan kaikki eri aistien lähettämät eri värähtelytaajuudet määrätyiksi tuntemuksiksi. Aivot ovat kallon sisällä suojassa pimeässä suljetussa tilassa. Ne eivät koskaan missään tilanteessa ole valon tai ulkomaailman kanssa tekemisissä. Muuten kuin niiden hermoratojen välittämän datan eli sähköisen värähtelytaajuuden tuoman informaation välityksellä. Nyt pieni ajatusleikki. Aivot laitetaan laatikkoon ja ne kytketään tietokoneeseen, jossa katsotaan merimaisemaa. Yleensähän videossa on liikkuva kuva ja ääni , jos siihen lisätään myös tunto ja hajuaistin informaatio taajuudet. Silloin aivot kokisivat merimaiseman, kuulisivat aaltojen ja lintujen äänet, haistaisvat meri- ilman ja tuntisivat tuulen viiman. Aivot eivät voisi erottaa sitä oikeasta tilanteesta vaan ne kokisivat, että olisit katsomassa merimaisemaa. Kumpi niistä on lopulta oikea ? Informaatio on samaa sillä se on saman vaikutuksen aikaan- saama ainoastaan aivojen paikka ei ole sama. Kun aivot ovat omalla paikallaan siis kallon sisällä ja vastaanottavat dataa ,jonka tulkitsevat niin onko se lopulta varmaa mistä se data tulee, ulko vai sisäpuolelta.

Nyt ehkä voit saada käsityksen miten kaikki toimii värähtelynä vaikka ei ole kuin vähän raapaistu pintaa. Sillä lopulta kaikki on värähtelyä, joka saadaan ohjelmoinnin kautta näyttäytymään sellaisena kuin ohjelmoija haluaa sen näyttävän. Ohjelmoinnistahan voi puhua koska aivot eivät ole suorassa yhteydessä mihinkään aisteista, paitsi sähköisen värähtelyn kautta. Aivot eivät näe eivätkä tunnista kuka lähettää, ne tunnistavat vain lähetetyn signaalin ja se mistä hermosta se tulee. Siksi aivot saadaan tuntemaan ja kuvittelemaan mitä tahansa kun annamme sille jonkun värähtelyn. Silloinkuin sama värähtely aina saa aikaan saman kuvan tai tuntemuksen voidaan puhua ohjelmoinnista. Aivo- ja sydänkäyriä pystytään nykypäivänä mittaamaan. Käyriä on monia päällekkäisiä ja niistä pystytään erottelemaan, milloin tunteet ovat positiivisia tai negatiivisia. Kun tunteet ovat negatiivisia, niin värähtelyt ovat muodoltaan jyrkkiä ne taistelevat ja kumoavat toisiaan. Kun ne ovat positiivisia niin ne ovat symmetrisen sinikäyrän muotoisia tukevat ja vahvistavat toisiaan. Ehkä tässäkin nähdään hyvänolon ja sairauksia aiheuttavan värähtelyjen merkitys.

114

Miksi tiedonkulun järjestys on tämä. Niinkuin totesimme, aivot sijaitsevat kallossa kestävässä pimeässä luukopassa eivätkä ne ole missään tekemisissä ulkomaailman kanssa. Ainoa mitä ne saavat on sähköisessä muodossa olevaan tietoa. Aivoille tuotetaan koko ajan kuvaa ,josta saa vaikutelman että olemme jossakin. Missä tämä jossakin sijaitsee, on se missä kuvittelemme sen olevan. Todettiin , että silmät ottavat vastaan värähtelytaajuuksia ja sen perusteella muodostuu kuva maisemasta. Kuka sanoo kuinka oikea tai kuviteltu tämä maisema on. Näemme kätemme koskettavan jotakin ja saamme siitä tuntemuksen hermojemme välityksellä ja se vahvistaa onko kosketeltava aine nestettä, pehmeää vai kovaa. Olemme oppineet muodostamaan näkemämme perusteella jo aiemmin, miltä jokin näyttää ja tuntuu. Entä jos silmät suljetaan ja koskemme samaa esinettä jota koskimme äsken, josta näimme kuvan ja tuntoaisti vahvisti sen kovaksi rautatangoksi. Saamaamme tuntoaistitietoa käsitellään vastaamaan pehmeän vaahtomuovin tunnetta. Niin voimmeko silloin puristaa sen helposti kasaan vaikka se äsken tuntui kovalta rautatangolta. Ja kumpaa se loppujen lopuksi on jos se on sitä mitä uskomme sen olevan. Jonkun täytyy kertoa aivoille mitä mieltä me olemme siitä mitä ympäristössämme tapahtuu. Se joku on solut. Ulkopuolella ympärillämme on se kenttä mistä on puhuttu. Se mitä ulkopuolellamme tapahtuu, menee sydämen kautta aivoihin ja siellä tieto kiertää niiden henkilökohtaisten suodattimien läpi ja lopuksi mieli, jonne kuva lopulta tulee, päättää onko reaktio positiivinen vai negatiivinen. Reaktio, jonka sille annamme on tunne ja sen mukaan aivot erittävät kemikaalia joka virtaa kehoomme ja soluille. Ne kertovat voimmeko hyvin vai huonosti. Sillä mieli, joka on se kuva jota katsomme ,on se jonka aivot, tunne ja solut tekevät. Koska keho on meidän välineemme kokea tämä taso,niin meidän täytyy tietää mikä on kehon tilanne, kuinka se voi. Mieli ja se kuva, jonka näemme on kuin televisionkuva jota katselemme. Se on minkä aivot tekevät sen jälkeen kun prosessi- kierros on valmis.

Otetaan tämä kierros uudelleen. Ensin on ajatus, ajatus synnyttää tunteen. Tämä ajatus voi tulla vain ajatuksena tai sitten joku tapahtuma minkä näemme näköaistin kautta ja se synnyttää ajatuksen sekä sitä seuraavan reaktion. Reaktio aiheuttaa sitä vastaavan kemikaalin virtaamisen kehoon ja siitä solut lähettää palautteen aivoille. Aivot lähettää tiedon sydämelle ja sydän muuntaa sen ja lähettää tiedon kentälle ja kenttä muuttaa sen tapahtumiksi koettaviksi. Siitä tulee taas palautetta sydämelle ja se muuttaa tiedon palautteesta aivoille mikä taas vapauttaa kemikaaleja.

Siinä nopeasti yksinkertaisesti kuinka tieto ja reaktiot kulkee ja tekee omaa työtään vaikka autopilotilla jos emme jossain vaiheessa tartu tähän tapahtumaketjuun. Kun olemme tässä tietokonesimulaatiossa,niin olen kuullut ,että se mitä sanomme egoksi, on virusohjelma tässä muuten ohjelmoidussa systeemissä. Se pyrkii valloittamaan koko toiminnan. Se heittelee ajatuksia, draamaa, vaikeuksia, pohdittavaa, mietittävää, odotettavaa, hienoja tulevaisuuden kuvia ja porkkanoita. Pitäen sinut kiireisenä ettet kerkiäisi ajatella todellisia päämääriäsi tässä elämässä. Tämä autopilotilla virusohjelmassa seikkailu ei johda mihinkään. Ja kuitenkin kun tulit tähän elämään, sinulla oli tiettyjä päämääriä mitä tehdä täällä. Jos et ota ohjia omiin käsiisi ja tee oikeita valintoja oikeaan suuntaan niin alat tuntea tyytymättömyyttä elämääsi kohtaan. Sillä kun poikkeat polulta mitä sinun pitäisi kulkea, niin alat tuntea negatiivisia tunteita ja kun kuljet oikeaan suuntaan, niin tunnet mielihyvää ja tyytyväisyyden tunnetta. Mitä kauemmin ja kauemmaksi ajaudut päämäärästäsi sitä suuremmaksi tyytymättömyytesi käy. Sitten voi jo päihteet ja masennus tulla mukaan kun tilanne käy ylitsepääsemättömäksi. Jos kyse on suurista ja vaikeista päätöksistä, niin ne pitäisi silti tehdä. Voi olla kysymys parisuhteen lopettamisesta, irtisanoutua työpaikasta tai vastaavista isoista muutoksista. Ollaan tilanteessa jossa tyytymättömyys ja turhautuneisuus aiheuttaa jatkuvan stressitilan. Senhän jo tiedämme, että se saa aikaan pahaa oloa aiheuttavien kemikaalien virtaamisen kehoon mikä aiheuttaa solujen sulkeutumisen ja kasvun tyrehtymisen. Joka sekuntti kuolee kymmeniä miljoonia soluja ja uusia pitäisi syntyä tilalle. Kun näin ei tapahdu olemme tilanteessa, jossa olemme ns. sairastuneet. Sairauden vakavuus riippuu siitä kuinka iso muutos on tehtävä. Voihan muutostarve olla niin iso, että sairaus otetaan rangaistuksena eikä siitä saatavaa opetusta oteta vastaan niin paras vaihtoehto on kehosta luopuminen.Solut tietää mikä meidän päämäärämme on ja ne kertoo aivoille kehon tilanteen olemmeko menossa oikeaan suuntaan. Aina on sanottu ja tiedetty, että pitäisi tehdä sitä mitä haluaa ja mikä tuntuu hyvältä. Nykyään se on vähän niinkuin unohdettu ja pidetään mahdottomana. Kun pitää hankkia rahaa asuntoon, elämiseen, huvitteluun, ruokaan jne. Siitä on tullut sellainen pakkopulla. Työpaikka pitää saada ja mitään ei voi saavuttaa ilman kovaa työntekoa. Oli se sitten mieleistä tai ei. Silloin kun teet sitä mikä on mukavaa ja olet kenties siinä onnellisessa asemassa, että sinulla on työ jota rakastat, niin kaikki tukee kasvua ja hyvinvointia. Solut ovat tyyväisiä ja lähettävät hyvää palautetta aivoille. Sen takia kaikissa oppaissa ja kirjoissa sanotaan" iloitse ja ole kiitollinen elämästä". Sillä siinä on kaksi parasta avainta onneen ja hyvään oloon.

Palataampa vielä geenien pariin. Esim ihmisellä ja simpanssailla on perimässä hyvin samanlaiset 25000 perus geeniä. Niitä tuskin voi erottaa. Ja ihmisen tekemiseen tarvitaan se n. 125 000 geeniä proteeni molekyylien valmistukseen. Proteniit antavat ihmiselle rakenteen, käytöksen ja toiminnan. Ja signaali, joka tulee ympäristöstä voi tuottaa yli 30 000 eri proteenimolekyyli muunnosta yhdestä geenistä. Niin nyt tulee se kysymys. Kuka lukee DNA:ta ja valitsee sieltä oikean geenin sekä minkä tiedon palasen sieltä tarvitsee. DNA on iso tietokirjasto jossa on kaikki universumin tieto niinkuin kirjaston loputtomissa hyllyissä kirja kirjan vieressä. Kun on kyse nopeasta toiminnasta ja oikean tiedon saannista proteiinin valmistukseen, niin kuka on se joka tuntee koko kirjaston ja nappaa oikean tiedon silmänräpäyksessä. Se on tietoisuus joka on rakentanut kehon ja pitää sen kasassa. Simpanssilla on oma tietoisuus joka tuntee sen kehon rakenteen ja tarkoituksen ja ottaa ne tiedot mitä simpanssi tarvitsee oman elämänsä hallintaan

Aivojen tehtäviä

Tätä minkä näemme ja koemme maailmana sekä elämänä, ei ole olemassa sellaisena kuin me sen kuvittelemme. On olemassa tämä kenttä missä olemme. Meillä on tietoisuus, joka rakentaa ja ohjaa kehoamme. Kehossamme on ohjelmia, jotka muuttavat tämän kentässä olevan energian ja sen eri värähtelytaajuudet sellaisiksi kuviksi ja kokemuksiksi kuin ne meille näyttäytyvät. Nämä energiat muuntuvat elämäksemme kun otamme ne vastaan ja saamme niistä sen kokemuksen kun ohjelmamme meille sen muuntavat. Kun kenttä ympärillämme värähtelee energian muodossa ja kohdistamme huomiomme johonkin määrättyyn taajuuteen sekä vastaanotamme sen. Aivomme muuntaa värähtelyn ohjelmamme mukaisesti elämäksemme ja kokemukseksemme. Ilman tätä vastaanottoa ja muuntamista kokemukseksemme se on vain värähtelevää energiaa, joka lainehtii ikuisuuden meressä.

Aivojen uskotaan olevan kaiken keskus , älykkyyden ja ajattelun. Vaikka viisaiden ja tiedemiehien aivoja on tutkittu ei niissä ole havaittu mitään poikkeavaa normaali ihmisten aivoihin verrattuna. Aivoja on punnittu siksi että suuremmat ja painavammat aivot olisivat viisauden lähde. Mutta niin ei ole. Aivot ovat ainoastaan kehon toiminnan säätelykoneisto. Aivot muuntaa ja tulkitsee informaatiota jota tulee kehosta ja kentästä sekä muuntaa tiedot kemiallisiksi eritteiksi jotka antavat soluille tietoa ympäristöstä. Aivot ottavat vastaan hermojärjestelmän sähköisiä ja kemiallisia tietoja. Aivot koordinoivat kehon liikkeitä. Kun täytyy saada jotain tapahtumaan, aivot antavat soluille tiedon mitä tarvitaan ja lihassolut valmistavat tarvittavat proteiiniit. Sitten kädet tai jalat toteuttavat halutun toiminnan. Kun tutkitaan joidenkin liikkeiden aikana aivojen toimintaa, niin nähdään määrätyllä alueella aivojen aktivoitumista ja ajatellaan sen osa- alueen saavan liikkeen toteutumaan. Näin tavallaan onkin, mutta se osoittaa vain sen, että kyseinen osa avoista ottaa tiedon vastaan ja välittää sen eteenpäin. Aivot ovat periaatteessa lähetin-vastaanotin.

Aivot prosessoivat tietoa ja laittavat sen käytäntöön. Aivot eivät siis itsenäisesti kehitä mitään. Tämä tietoinen mielikin, joka saa meidät joskus innostumaan ja tekemään järkeviä tai hulvattomia tekoja saa virikkeensä joko egosta tai henkisistä keskuksista. Sillä aivothan on materiaa, ne eivät luo mitään. Aikanaan Darwin ja aikalaiset etsivät mikä tuottaa elämän. He halkaisivat suku- ja munasoluja etsien mistä tulee elämä joka ohjaa kehoa, mikä on kehon toiminnan alkusyy. Ja he päätyivät siihen, että sen täytyy tulla vanhemmilta koska he saattavat uuden kehon alulle. Sekä uusi keho saa piirteitä vanhemmilta. Mutta näinhän se ei ole vaan kaiken takana on energia ja tietoisuus. Kaikki on energiaa ja kaikki lähtee energiasta. Materia on vain tämän tason ilmentymä sille mitä tietoisuus haluaa tälle tasolle ilmaista. Energia ja aine ovat saman asian eri ilmenemismuotoja. Olen jo muutaman kerran maininnut pyhän geometrian. Kun ensin oli tyhjyys ja sitten energia, niin kaikki mitä sen jälkeen on ilmennyt on tullut pyhän geometrian seurauksena. Ei vain materia ja keho vaan myös tunteet sekä virukset muutamia mainitakseni. Eli virukset on myös luotu ja ne ovat koko ajan olemassa . Sitten vain riippuu minkä signaalin annamme soluille. Ovatko ne valmiit vastaanottamaan vai torjumaan virukset. Jokaisella viruksella on oma rakennemuoto ja omanmuotoinen tartuntaosa, jolla se tarttuu soluun jos solulla on oikenlainen tartuntareseptori. Sen verran vielä sairauksista, että mitään uusia sairauksia ei voi keksiä tai ilmaantua. Kaikki on jo olemassa, mutta ne eivät vaan ehkä ole näyttäytyneet tällä tasolla. Tuli jo todettua, että tunteetkin ovat energiaa. Ne saavat muodot ja toiminnan kun aivot muuttavat niiden sisältämän tiedon toiminnaksi tällä tasolla. Se voi olla iloa, pettymystä, kateutta jne ja johtaa myös epätoivoisiin tekoihin, pahoinpitelyt ja murhat pahimmasta päästä. Kaikki negatiiviset energiat ja sen johdosta tehdyt teot aiheuttavat karmaa ja kaikki se on jossain aikaakehyksessä kuitattava pois. Yksilö tasolla, heimotasolla, kansallisella ja valtio tasolla sekä ihmiskuntana.

Meille on opetettu, että olemme yksilöitä ja tulemme vahingossa tänne ja voimme elää omaa elämää vaikuttamatta juuri mihinkään. Paitsi jos olemme politiikkoja. Mutta muistutan, että kaikki olimme kerran yhdessä pisteessä ennenkuin big bang tuli ja sinkosi meidät taivaan tuuliin. Näin siis tieteen teorian mukaan. Mutta silti kaikki tällä tasolla on alkanut yhdestä pisteestä. Siitä tietoisuus tuli tänne ja alkoi luomisen ja kaikki sen jälkeen tapahtunut on nyt nähtävissä. Erimielisyyttä on, onko avaruus ääretön vai rajattu. Sanoisin sekä että. Laajennus vaihe on vielä käynnissä mikä tarkoittaa sitä että rajattu avaruus laajenee koko ajan. Kuitenkin tila mihin avaruus laajenee on rajaton. Jos päätät matkustaa tunnetun avaruuden laidan yli, niin se on sama kuin luomisen alussa, ei ole mitään minkä mukaan suunnistaa. Voit mennä vaikka äärettömyyksiin, mutta et voi verrata tai mitata sitä matkaa mihinkään.

Siis olemme kaikki yhtä ja jos vielä muistat kokeen, jossa fotoni halkaistiin ja palaset vietiin erilleen ja ne reagoivat kuin olisivat edelleen yhdessä. Niin siis mekin olemme yhteydessä kaikkeen mikä ilmenee. Me muodostumme soluista ja jokainen solu tietää tarkalleen mitä toinen solu tekee. Ne saavat tiedon meidän tietoisuudeltamme koska ne kuuluvat osana tähän kokonaisuuteen mitä kehomme on. Niillä täytyy olla oma alitajunta, joka ohjaa niiden toimintaa ja tiedonsaantia. Ehkä soluillakin on oma vastaava järjestelmä mikä menee vielä enemmän mikrokosmokseen. Me olemme taas yhteydessä maa- äitiin. Meidän alitajuntamme on äiti- maa. Mehän olemme maalle samaa, mitä solut on meille. Kun me olemme solut maalle ja tapamme toisiamme sekä tuhoamme järjestelmällisesti äiti-maata eli omaa kehoamme suuremmassa mittakaavassa, niin miksi sitä toimintaa voisi kutsua. Sairaudeksi, itsetuhoisaksi toiminnaksi, hulluudeksi vai miksi.

Sairaudesta vielä. Kehohan on periaatteessa sairastumaton ja siinä on immuunijärjestelmä sekä itse parannustoiminto. Jos joudumme onnettomuuteen, haavoja tulee ja luita murtuu, niin eivät lääkärit meitä paranna. Toki he laittavat luut kohdalleen ja ompelevat haavat kasaan, että paraneminen nopeutuu, mutta keho itse hoitaa paranemisen. Sitä ei kuulemme vieläkään oikein tiedetä kuinka se tapahtuu, mutta se tapahtuu. Minulla olisi siihen yksi selitys, muitakin voi tietysti olla. Keho on materiaa ja se on alin taso mitä universumissa voi olla. Eli seurausta tietoisuudesta, luomisesta ja energiasta, joka ottaa materian muodon. Jos materia on sen luomisketjun lopputulos, niin ei kai voida olettaa, että materiassa tapahtuva muutos aiheuttaisi muutosta energiassa. Kun onnettomuus sattuu materiatasolla ja energiatasolla energiakeho pysyy muuttumattomana eli terveenä. Niin voidaan olettaa energiakehon korjaavan materia kehon vastaamaan tervettä energiakehoa kun se alunperinkin on fyysisen vastineen saanut aikaan.

Siksi on kai mahdotonta, että jokin esim ruokaaine saisi syövän aikaan. Sanotaan jonkin aineen aiheuttavan sitä tai tätä syöpää. Tilanne olisi siis se, että materia aiheuttaisi muutoksen energia tasolla. Senhän se toki tekee kun sille annetaaan lupa se tehdä. Tällä mielen ja materian tasolla ei tapahdu mitään, jollei sitä voida osoittaa miksi ja miten se on tapahtunut. Yritän tehdä esimerkin asiasta. Tarvitset kympin rahaa johonkin tarpeelliseen ja uskot, että voit sen saada. Alat meditoida ja saada kymppiä ilmestymään eteesi pöydälle. Tapahtuu niin, että joku vaikka kaverisi ilmestyy paikalle ja antaa sinulle kympin. Hän oli sen velkaa, mutta sinä olit asian unohtanut. Tässähän sinun toiveesi toteutuu ja ihme tapahtuu. Mikäänhän tässä periaatteessa ei ole ihmeellistä muuta kuin se, että se tapahtuu juuri silloin kuin tarvitsit sitä ja halusit sen tapahtuvan. Olit aikaa sitten jo luonut mahdollisuuden tälle ihmeelle kun lainasit kympin kaverillesi. Tässä on kaksikin seikkaa mitä pitää huomioida. Ensiksikin sinulle tapahtui ihme kun sait sen mitä halusit juuri silloin kun halusit, mutta sillä ihmeellä oli ihan looginen tapahtumaketju. Toinen on se, että saa jotain mitä haluaa. Silloin joutuu myös jotain antamaan, mutta tässä tapauksessa olit jo etukäteen tehnyt palveluksen ja sait siitä hyvityksen. Aina kun liikutaan kehon, mielen ja aivojen tasolla, kaikella pitää olla miten ja miksi.

Jos sairastut esim syöpään, siihen pitää olla jokin syy. Usein joku ruoka- aine, myrkky, kemikaali tai jotain.Se ainehan ei sinällään ole vaarallinen. Monet muutkin syö tai käsittelee samaisia aineita, mutta sitten kun sille annetaan lupa niin se tekee sen mitä sen pitääkin. Ja tutkimuksissa voidaan osoittaa mikä sen aiheutti. Ja ketju miten ja miksi on valmis. Unohdin vielä ne geenit nehän ovat myös yksi hyvä syy selittää, milloin ja miten sairaus iskee.

Aurinko on meille isä ja maa on äiti. Äiti maa synnyttää meidät ja ruokkii meidät. Aurinko on siemen elämälle ja tuo leivän pöytään eli antaa energian ja mahdollisuuden äiti maalle kasvattaa tarvitsemamme ravinnon. Jos aurinko sammuu niin sen kahdeksan minuutin jälkeen minkä fotonien kestää matkata tänne, on rajallinen aika kun elämä on mahdollista. Jos maapallo menettäsi kyvyn tuottaa ravintoa, niin ei kestäisi kauankaan kun elämä ei olisi mahdollista. Jos sinä menet syömälakkoon, niin jonkun ajan kuluttua alkaa käymään kato solujen maailmassa. Kaikki liittyy kaikkeen. Nyt meidän on annettu ymmärtää, että aurinko on ollut ja on ikuisuuksia ja sitä on kiertänyt ja tulee kiertämään kivikasa, jota maaksi kutsutaan. Tämä kaikki on vakaata ja pysyvää. Sitten sinä tupsahdat tänne vahingossa ihan omana itsenäsi kuulumatta sen kummemmin tai vaikuttamatta mihinkään. Mutta se ei ole sattumaa, niinkuin ei mikään muukaan. Mikään ei ole täällä niin kuin olet oppinut sen tietämään. Materiaa ja tätä muutakaan ei ole olemassa niinkuin olet luullut. Mitään minkä näet ulkopuolellasi, planeetat, kuut , tähdet koko universumin, se on sisälläsi ja vain heijaastetaan ulkopuolellesi.

Olet katsonut samaa kanavaa televisiostasi koko elämäsi ja samaistunut siihen sekä tuudittautunut, että kaikki on selvää, vakaata ja pysyvää. Sitten tulee joku, joka vaihtaa kanavaa ja olet ihan uudessa maailmassa. Niin pysyvää on kaikki mitä luulet. Vielä tähän telkkari juttuun liittyen joka samalla valaisee kuoleman kysymystä. Sinulla on ihan oma henkilökohtainen värähtelytajuus, josta sinut tunnistetaan. Sait sen kun tulit ensimmäisen kerran maapallon elämän kiertoon. Tälle samalle taajuudelle tallentuu kaikki mitä koet ja päätät jne. Kaikki elämäsi, jotka ovat sieltä myöhemmin haettavissa. Jäi sanomatta kun oli aivoista puhetta ettei muisti sijaitse aivoissa. Se mielen televisioruutu, jota joka päivä katselet, on virittynyt niin kuin sinun kehosi tälle sinun omalle taajuudellesi. Se on sinun kanavasi ja katselet siitä omaa elämääsi, jonka olet tällä kertaa valinnut koettavaksesi. Sitten kun keho lopettaa toimintansa eli toisella nimellä kuolema koittaa, niin lähetys jatkuu, ainostaan televiso pimenee. Seuraavalla kerralla kun synnyt tänne sinulla on sama tajuus eli vastaanottokanava ja sisäinen televisiosi on samalla kanavalla kuin viimeksi ja jatkat elämän katselua.

Aivoissa ei ole mitään toimintoja mitä siellä uskotaan olevan. Aivot on lähinnä tiedon vastaanotin ja lähetin, joka sitten muuntaa kaiken sähköisen tiedon viesteiksi soluille ja kemiallisiksi eritteiksi, jotka solut tulkitsevat. Aivot ja sen alitajunta on yhteydessä äiti- maan sieluun ja siellä on meidän karmamme ja velkamme, jotka meidän pitää kuitata. Niinkuin Jeesus sanoi, isiemme synnit periytyvät meille. Se tulee sitä kautta kun kuusi ensimmäistä vuotta tallennamme vanhempiemme ja isovanhempiemme käytösmallit ja toteutamme niitä omassa elämässämme. Ja ne ovat kaikki niitä valintoja, joita he ovat tehneet mielestä käsin. Kaikki mielen päätökset ovat pelosta syntyneitä. Koska pelko ohjaa mieltä. Ja toiseksi aivoissa on kaksi aivolohkoa ja aina on tehtävä päätös kahden asian väliltä. Siksi voidaan jos halutaan synnin käsitettä raottaa, niin kaikki mielen päätökset ovat syntiä. Sydän on yhteydessä aurinkoon, joka edustaa yliminää ikuista itseä ja rakkautta.

Keho on se, joka kokee tapahtumat tällä tasolla. Todellinen sinä on vain tarkailijana katsomassa näytelmää missä mikään ei ole todellista. Sinä et ole kehosi. Kehon mieli on se erillisyys pienestä sirusta missä on kokonaiskuva. Jumala on se iso kuva, josta me olemme se pieni osanen. Niinkuin on tullut todettua tämä maailma on holografinen. Jumala voi todeta koska tahansa mitä itse on ja sen takia hän pirstaloi oma kuvansa pienen pieniksi siruiksi, jotka voivat kokea mitä Hän ei ole. Tämä pieni siru mikä me olemme, on ohjelmoitu menettämään ja kokemaan sen ykseyden ja sen täydellisyyden mikä me kuitenkin olemme. Koska jokainen siru sisältää sen saman ison kuvan ja jos jossain sirussa jokin muuttuu, niin se muuttuu kaikissa. Siksi pohjimmiltamme olemme täydelliset, mutta se että samaistumme kehoon saa meidät unohtamaan keitä olemme. Koska keho on luotu ja ohjelmoitu tähän maailmaan ja maapalloon, niin se kokee olevansa erillinen kaikesta. Sen vuoksi tämä kaikki on harhaa koska keho on rakennuttu ainoastaan kokemaan mihinkä se on ohjelmoitu. Sen vuoksi kehossa on kaksi aivopuoliskoa, että tulee tilanne jossa on valinta ns. hyvän ja pahan välillä. Vaikka kumpikin on samanlaisia vaihtoehtoja , mutta opetus on erilainen. Siis sinä itse, ei kehosi, olet täydellinen. Ja se on ainoa, mitä sinun tulee oppia eli mitä et ole. Luulet olevasi sitä mitä olet geeneissä saanut ja mitä kotona ja lähipiirissä olet kokenut ja omaksunut sen omaksesi. Kun koet itsesi vajavaiseksi, niin etsit sitä ulkopuolelta itseäsi ja luulet tulevasi kokonaiseksi kun saat tai löydät sen. Siinäkin toistuu se ettet tunne itseäsi täydelliseksi sellaisena mikä olet vaan etsit sitä ulkopuoleltasi. Samoin kuin luulet olevasi erillinen kaikesta vaikka olet kaikki. Kun etsit rakkautta ja puolisoa, niin luulet että toisen kehon rakkaus täyttää sinut rakkaudella. Mutta niin ei ole. Tällainen rakkaus orjuuttaa sinut, koska luulet onnesi ja rakkauden täyttymyksesi olevat sidottu tähän toiseen kehoon ja jos menetät sen, niin menetät kaiken. Tämä johtaa omistamiseen sillä haluat omistaa toisen kehon varmistaaksesi rakkaudentilan jatkumisen. Omistaminen johtaa mustasukkaisuuteen, alistamiseen ja tekemään toisen elämän sellaiseksi, että lähtö on vaikeaa. Tässä halutaan toiselta jotain, joka täydentää itseä.

Kerroin aiemmin oikean rakkauden olevan sitä kun kehon värähtelyt täydentävät toisiaan ja nostavat yhteisen kokemuksen uudella tasolle. Tasolle, jossa koetaan pyyteetön rakkaus. Jossa halutaan antaa enemmän kuin ottaa. Se on vapauttava kokemus ja se on vapaus, ei omistaminen.

Kehon rakenteet

Kaikella energialla on äly. Kaikista pienemmilläkin energia koostumuksilla on tietoisuus. Esim soluilla, molekyyleillä, bakteereilla, viruksilla, siis aivan kaikilla. Ja se saa käyttäytymään ne järkevästi ja tekemään sen, mikä on niiden tehtävä. Mutta alemmilla hitaammin värähtelevät rakententeet eivät tiedosta, että niillä on tietoisuus. Kuitenkin kaikki ovat yhteydessä toisiinsa. Esim jos bakteerille tapahtuu jotain kauheaa, niin kasvit reagoivat siihen. Jossain pidemmällä kehitysvaiheessa oleva energia kokonaisuus alkaa tiedostaa olemassa olonsa ja että sillä on tietoisuus niinkuin esim ihminen. Ja kun sille tulee tämä tietoisuus, niin se alkaa kokea olevansa erillinen osa tästä elämän järjestelmästä. Kokemalla erillisyyttä se alkaa tuntea, että on parempi kuin muut ja voi hallita omaa sekä muuta luotua elämää. Kun se aikojen saatossa kehittyy lisää ja saa ymmärrystä, niin se taas huomaakin, että se on osa järjestelmää mitä kutsutaan elämäksi. Elämä on kehityskulku, joka kulkee ympyrää ei siitä voi eriytyä vaikka siltä saattaisikin tuntua. Energia ja elämä on ikuista, sen takia se ei voi koskaan hävitä. Se on aina ollut ja on aina oleva. Jos sinä olet osa elämää ja sinut on luotu Jumalan kuvaksi, niin silloin Jumalan täytyy olla elämä itse ja sen alkuun paneva voima. Ja miten luulet elämän alkuun panevan ja yllä pitävän voiman ajattelevan,siitä että ihmisten suurin saavutus on tuhota elämää. Ihmisiä tapetaan ihan muuten vaan tai halutaan valloittaa lisää maata ja luonnonvaroja jne. Ja kun lähdetään tappamaan vääräuskoisia tai valloittamaan maita, niin ilmoitetaan Jumalan olevan meidän puolella ja johdattavan voittoon. Jos Jumala on elämä ja elämää ylläpitävä voima, niin kuinka luulet Hänen suhtautuvan kun elämää tuhotaan. Täytyy vielä tähdentää kun yleisesti maata ja muita taivaankappaleita pidetään vaan kivikasoina, vaikka ne ovat

128

eläviä olentoja. Kun ajatellaan ettei ihmiset paljon muuta tee kun tappavat toisiaan ja tuhoavat maapalloa, niin kuinka tästä tulisi ajatella. Kun ihmiset toisaalta uskontojen ja muiden oppien kautta palvelevat Jumalaa ja kuitenkin tekevät edellä mainittuja tekoja.

Elämä on sulkeutuva ympyrä kun se piirtää kehän ja saapuu aloitus pisteeseen niin uusi kierros alkaa. Kun ympyrä sulkeutuu niin sen asteluku on 360. Lasketaan luvut yhteen, 3+6+0= 9. Numerologiassa luku 9 on kaikki tai ei mitään. Kun aloitetaan ympyrän piirtäminen niin kaikki on mahdollista. Kun ympyrä sulkeutuu ei ole mitään. Sen takia elämä on ikuista, se on aina ollut ja on aina oleva. Niinkuin ympyrä josta oli puhetta. Sen takia pyhässä geometriassa elämä kuvataan ensin yhdellä ympyrällä, joka sitten monistetaan ja tehdään määrätty kuvio esim elämänpuu. Ympyrät kuvaavat liikkuvaa energiaa ja kun ympyrän kuvion määrättyjä pisteitä yhdistetään niin saadaan neliöitä, kolmioita ja eri tahokkaita, jotka edustavat materiaa ja materian rakenne osia kiteitä. Kun henkisellä puolella kaikki on paikallaan pysyvää niin mielen tasolla on kaikki koko ajan liikkeessä. Kun henkisellä tasolla ei ole aikaa, niin tällä tasolla ajan käsitys tulee siitä kun kaikki on kokoajan liikkeessä. Se mikä on tässä on hetken kuluttua jossain muualla ja se välimatka koetaan ajaksi. Se saa tapahtumat ikäänkuin seuraamaan toisiaan. Sanotaan kun meditoinnissa saavutat tilan, jossa mielen hälinä lakkaa, niin saavutat seisahtuneen henkisen tiedon tilan jossa myös alitajunta toimii. Mielen tasolla toimit menneisyydessä ja tulevaisuudessa, mieli rakentaa sillan tämän hetken yli. Murehdit menneisyyden tapahtumia ja pelkäät tulevaisuuden uhkakuvia. Tämä on hetki,johon menneisyys loppuu ja tulevaisuus alkaa. Menneisyyden tapahtumat ja valinnat ovat tuoneet sinut tähän hetkeen ja ne myös vaikuttavat tulevaisuuden tapahtumiin.

Jos elät henkisellä tasolla missä kaikki tapahtuu samanaikaisesti ja sen mukaisesti mikä on tarkoituksen mukaista sekä kokonaisuuden kannalta parasta, niin et koe mitä tapahtuisi jos olisi mahdollista valita eri vaihtoehtojen välillä. Sen takia on rakennettu tämä toisenlainen kehityskaari. Jossa elämä alusta lähtien kehittyy ja valitsee eri ratkaisumahdollisuuksia saavuttaakseen täydellisyyden. Siksi tämä vaihe, jota nyt elämme tässä rakennetussa harhan maailmassa ei ole todellista. Eikä mikään päätös ole väärä tai oikea vaan eri mahdollisuuksien kartoittamista ja tietenkin oppimista niiden oikeiden ratkaisujen tekoon.

Materia muodostuu alkuaineista ja alkuaineet atomeista. Atomeissa elektronit kiertävät ydintä hurjalla nopeudella, missä nopeuteen liittyvä voima saa sen tuntumaan kiinteältä aineelta. Eri alkuaineilla on erinlainen määrä elektroneja ja niiden ratojen piirtämiä ympyröitä, joista saadaan eri kidemuotoja- materian rakennuspalikoita. Tämä on se perinteinen malli, mutta nykyään on todettu ettei ole olemassa mitään kiinteitä rakenteita eikä liike ratoja. Ydin ja elekronit voivat vaihtaa varauksia ja elektronitkin ovat havaittavissa milloin missäkin. Kaikki tämä esiintyy muodossa miten uskomme materian olevan ja käyttäytyvän.

Muistaakseni aikaisemmin kerroin tämän nykyisen olevan neljäs maailman kausi. Jokaisesta maailmankaudesta on tullut elementti. Tuli, ilma, vesi ja maa. Tuli on ensimmäinen ja se on ainoa joka synnyttää jotain uutta. Se on se elementti josta kaikki on saanut alkunsa. Jos poltat mitä tahansa, kynttilää, puuta jne niin aine häviää savuna ilmaan ja muuttuu joksikin muuksi. Luominen alkaa aina luodun keskipisteestä. Sen takia kaikki muodot ovat pyöreitä. Keskipisteestä vaikuttaa sama voima joka suuntaa ja pallon pinnalla se on yhtä suuri joka kohdassa. Jos ajatellaan maapalloa, niin keskustassa on tulinen massa (tuli), seuraavana on kaasumaiset kerrokset (ilma), sitten sulana vellovat ainemassat (vesi) ja viimeisenä kova kuori (maa).

Samoin pyhässä geometriassa. Kun tietoisuus ensimmäisen kerran ilmaantui tälle tasolle, oli vain piste tai reikä joka puhkaistiin josta energian valuttaminen alkoi. Siis kun tietoisuus ilmeni tällä tasolla, niin se lähetti samanlaisen voiman joka suuntaan ja näiden voimasäteiden päät yhdistettiin ja siitä syntyi ympyrä ja tämä sama toistettiin. Tietoisuus valitsi pisteen ympyrän kehältä ja toisti toimenpiteen ja syntyi toinen ympyrä. Ja tätä toistettiin sekä yhdistettiin ympyröiden leikkaus pisteitä niin saatiin erinlaisia geometrisiä muotoja, kolmioita, neliöitä, kuutioita jne. jotka ovat ns. kiinteän materian kidemuotoja. Kun ajatellaan tieteen puhumasta herneen kokoisesta pisteestä mikä oli ennen alkuräjähdystä niin näinhän se on pyhässä geometriassakin kaiken alku. Tässä tapahtuu se vanha luonnonlaki, niin ylhäällä kuin alhaalla. Niinkuin koko tämän tason rakennus alkoi pisteestä leviten joka suuntaan niin maapallon ja muiden taivaan kappaleiden kehitys on lähtenyt keskipisteestä ulospäin. Samoin ihmisen kehittyessä kun solut ovat lähteneet jakautumaan, niin napanuora ja napa ovat ihmisen keskipiste.

Kosmoksen rakenne

Miksi kieltäydymme uskomasta tai edes ajattelemasta, että olisimme jotain muuta kuin miltä tämä kaikki näyttää ja tuntuu olevan. Miksei edes pientä epäilystä kuin se että mielummin kärsimme ja uskomme olevamme tuomittuja tähän kärsimykseen ilman ulospääsyä. Että olisimme jotenkin erillisiä Jumalasta ja kaikesta muusta. Kun nimenomaan kaikki täällä on yhteydessä toisiinsa. Se mikä täällä on säilyvää ja ikuista noin rakenteellisesti, on alkulähde. Kaikki muuhan on rakenteellista ja muuttuvaa sekä liikkeessä. Kun energia virta aloittaa matkansa alkulähteestä ja vaikka se läpi käy monia muunnoksia ennenkuin se saavuttaa tämän tason, niin kaikesta huolimatta se säilyttää alkuperäisen rakenteensa. Siinä on mukana kaikki se universuminviisaus, mitä myös elämäksi kutsumme, sisäänrakennettuna ominaisuutena. Eli kun tämä energia muodostaa vaikka pienenkin yhteenliitymän eli tietoisuuden, niin siinä on elämä ja sen tarkoitus mukana. Kun energiassa on elämä mukana, niin se tarkoittaa, että siinä on Jumala mukana eli Jumala on silloin kaikessa mukana. Ja kun se on energiaa, niin luonnollisesti se sisältää sähkö-ja magneettikentät. Kun tämä maailma tällä tasolla luotiin, niin niinkuin todettua, kaikki energia ja materia oli samassa pisteessä mistä kaikki tämä on muodostunut. Eli olemme kaikki lähtöisin samasta rakennus aineesta, fotoneista ja atomeista. Ja kun tämä energia sisältää viisauden ja elämän, niin voimme kai sanoa olevamme Jumalan kaltaisia. Vaikka kaikki energia ja siitä rakentuva sisältää nämä samat komponentit, niin riippuu rakenteen kehitysasteesta tiedostaako se oman olemassaolonsa. Kun sanoin, että kaikki täällä on yhteydessä, niin se todella pitää paikkansa. Kaikki täällä toimii sähköis-magneettisesti, mutta sen yläpuolella on vielä tietoyhteys, joka ei tottele tätä sähkökenttää vaan on kaiken yhdistävänä tietokanavana yhdistäen bakteerista lähtien kaiken tiedostavan elämän. Tämä kaikki tapahtuu vielä niin, että kun tasot luodaan ylhäältä alaspäin aina alemman tason materia vedetään alas ylemmältä tasolta.

Eräs uusi näkökulma tähän harhassa elämiseen voisi olla hypnoosi. Hypnoosi on vähän tunnettu ja enemmänkin viihteen puolella tullut tunnetuksi. Mutta hypnoottisessa tilassa voidaan antaa minkälaisia käskyjä tahansa. Sen alaisuudessa voit lentää, mennä seinien läpi jne. Koska nyt uskomme elävämme elämää, johon kuulu kärsimys ja kuvittelu ettemme voi tehdä mitään auttaaksemme itseämme, niin sehän on kuin annettu transsi jota elämme. Ja kun heräämme tästä ikävästä unesta niin huomamme mitä me todella olemme. Pystymme siirtämään vuoria niin halutessamme. Hypnoosihan on suoraa vaikuttamista alitajuntaan. Tietoinen mieli siirretään edestä pois ja keskustellaan suoraan alitajunnan kanssa. Viihteessähän annetaan hieman miedompia tehtäviä kuin edellä mainitut. Jos ihmiselle annetaan hypnoosissa käsky vaikka että jalat ovat liimautuneet lattiaan kiinni, niin koe henkilö ei saa niitä lattiasta irti. Miten voimme käsittää tämän tapahtuman? Jonkinlaisena taikatemmppuna vai todellisena tapahtumana. Se on kuitenkin todellista totta koe henkilölle. Hän todella kokee ja uskoo jonkun liimanneen hänen jalkansa lattiaan. Miten se eroaa siitä uskomuksesta, että ihminen on erillinen kaikesta ja luotu kärsimään.

Molemmat ovat uskomuksia ja kokijalleen todellisia. Entä jos hypnotisoitaisiin kaikki ihmiset uskomaan, että elämme paratiisissa ja kaikki ajattelisivat lähimmäisensä parasta. Tai niinkuin hiukan aikaisemmin esitin, että olemme jo kaikki hypnositoitu uskomaan elävämme erillistä elämää, jossa ainoa vaihtoehto on kärsimys ja odotamme heräävämme. Miten vaan, mutta kaikki on siitä kiinni mitä uskomme. Alitajunta uskoo juuri sen mitä sinne on tallennettu. Siksi pidän hypnoosin antamia näyttöjä todistuksena siitä että olemme mitä uskomme. Hypnoosi on jäänyt vähän vähälle huomiolle koska sitä on pidetty mystisenä lähinnä taikuuteen vivahtavana hömppänä, vaikka sillä on myös terveydellisiä hoitomuotoja ollut käytössä. Ajatellaan, että tottakai se teki sen kun sille annettiin käsky tehdä niin, mutta eihän se todentuisi jos hän ei uskoisi sitä. Kysymys on siitä mitä uskomme ja mitä emme. Kuten varmaan muistat toimimme 95 % ajastamme alitajunnan ohjelmien mukaan. Hypnoosi on alitajunnan ohjelmoimista. Alitajunnan toimintahan on sillä tavalla toimiva, että se ei kyseenalaista mitään, ei suunnittele eikä järkeile. Se toimii justiinsa sen ohjelman ja tiedon perusteella mikä on käytettävissä. Jos sinulle sanotaan, että voit kävellä seinän läpi niin tottakai sanot että se on mahdotonta ja vaikka yrität niin se ei onnistu. Kun hypnoosissa saat käskyn samaan ja teet sen epäröimättä onnistuen siinä niin mikä on muuttunut. Sinä olet sama ihminen, maailma on sama, seinä on sama. Ainoa mikä muuttui on uskomus siitä mihin pystyt ja mihin et.

Ihmiset luulevat, että kaikki ovat erilaisia erillisiä muusta luonnosta, ihmisistä ja olevaisuudesta. Varmaankin koska kaikki ovat vähän eri näköisiä, kokoisia ja puuhaavat eri asioita. Luullaan, että toiset omaavat erilaisia taitoja ja mahdollisuuksia. Todellisuudessa ihmiset eivät eroa toisistaan juuri ollenkaan. Kaikilla on samanlaiset solut, elimet, lihakset ja toiminnat. Kehot, joita asutamme ja luulemme itseksemme, ovat kuin liukuhihnalta tulleita. Se, joka kehoa tulee asuttamaan esittää tilausvaiheessa joitain toivomuksia näön ja rakenteen osalta, mutta komponentit ovat samat. Ainakin arvellaan, että joillakin on isommat ja paremmat aivot kuin toisella. Senkin perusteella, että he näyttävät olevan viisaampia ja menestyvämpiä kuin toiset. Mutta sekään ei pidä paikkaansa. Aivot ovat kaikilla samanlaiset ainoastaan jotkut ovat kehittäneet niitä enemmän kuin toiset. Kun aivoja käyttää ja antaa niille virikkeitä,niin sinne muodostuu yhteyksiä ja se antaa mahdollisuuden tehokkaampaan tiedonvälitykseen. Sitä kutsutaan englannista käännettynä uudelleen johdotukseksi eli sinne syntyy uusia tiedon välitysyhteyksiä. Niinkuin aiemmin on tullut todettua aivoissa ei ole minkäänlaista ajatustoimintaa eikä viisautta vaan ne ovat lähetin vastaanotin ja prosessori joka hoitaa kehon tarpeet ja toiminnan.

Mikä sitten on Jumalan tai universaalisen viisauden, miksi sitä nyt sitten kutsummekin osuus elämässämme? Aikaisemmin kutsuttiin Jumalaa monilla eri nimillä. Eri asioilla oli omat jumalansa kuten merellä, sodalla, rakkaudella jne. Oletettiin Jumalan oleva ihmisen kaltainen ulkopuolella oleva tuomiseva kärttyinen vanha mies. Jos ajatellaan niinkuin monet ajattelevat, ihmisen olevan sattumalta tänne syntynyt joidenkin muutaatioiden kautta, niin miten se on voinut tapahtua Jumalan tietämättä. Jos ajatellaan tämän maailmankaikkeuden jotenkin toimivan, niin ei kai tänne voi vahingossa syntyä sitä sun tätä. Ei sellainen rakennelma kauaa toimisi. Toinen vaihtoehto on, että ihminen luotiin tänne tarkoituksella. Mikä tietysti on se oikea vaihtoehto. Kun ihmisiä on näinkin paljon ja jos kaikki toimivat omin päin ja menevät minne nenä osoittaa, niin ei sekään toimi. Siitä seuraisi täysi kaaos. Kyllä siellä taustalla on ohjelma niinkuin runkona tälle kaikelle, mitä ihmiset sitten toteuttavat.

Ennen vihaiselle ja tuomitsevalle Jumalalle uhrattiin milloin mitäkin. Ruokaa, kultaa jopa eläviä ihmisiä, kaikkea mikä oli ihmisille tärkeää. Ajateltiin jos jostain tärkeästä ja rakkaaasta luovutaan, niin saadaan jotain anteeksi. Ihmisiä kasvatettiin nuoresta pitäen uhrattavaksi ja sen piti olla varma pääsy paratiisiin. Tulee vaan mieleen nykyajan itsemurhapommittajat, jotka luulevat pääsevänsä paratiisiin. Sitten tuli uskonnot, jotka perustuivat yhteen Jumalaan ja tämä antoi ohjeet mitä sai tehdä ja mitä ei. Siinä annettiin selvät ohjeet siitä mitä Jumala meiltä odotti.

Nyt on tulevaisuutta ettei Jumala odota tehtävän mitään eikä tee mitään. Vaan ihminen tekee omasta aloitteestaan sen minkä kokee oikeaksi ja tekee sen ajattelematta niinkuin sanotaan luonnostaan. Koska ei ole oikeita eikä vääriä päätöksiä, niin ainoastaan lopputulos on erilainen. Olettaen, että kaikki päätökset lähtevät rakkaudesta eikä pelosta tai vihasta, niin ei tarvitse paneutua siihen mikä on oikein ja väärin ihmisyyden kannalta. Niinkuin sanottu niin Jumala on mukana nimellä elämä siinä energia virrassa, joka vie asioita eteenpäin ja elämä korjaa ne poikkeamat mitkä syntyy päätöksistä, jotka eivät ole rakentavia.

Jumalan nimestä vielä, kun Mooses näki ja jutteli palavan pensaan kanssa hän kysyi mikä on nimesi, että tiedän kertoa kuka minut lähetti. Niin Jumala vastasi. "Minä olen , joka minä olen". Tätä pidettiin niin voimallisena tietona, että se pidettiin salassa vuosi tuhansia. On uskottu tämän avulla tehtävän voimallisia tekoja niinkuin Mooses teki. Minusta se ilmoittaa mitä me olemme ja mitä pystymme tekemään. Siinä isossa alkuperäisessä kuvassa oli Jumala koska eihän täällä ollut ketään muuta. Kun sieluja luotiin ja niitä tuli lisää, niin tämä kuva meni aina pienempiin palasiin. Nyt me olemme jokainen yksi niistä pienistä palasista joissa on se alkuperäinen kuva. Kuva Jumalasta. Siis se sielu mikä me todella olemme ilman kehoa on osa Jumalaa. Kun Jumala ilmoittaa nimensä niin hän sanoo" Minä olen sinussa, ja olen niinkuin uskot itsesi olevan". Eli vaikka Jumala on meissä ja voisimme siirtää vuoria, niin emme sitä tee koska uskomme olevamme Jumalasta erillään kykenemättä muuta kuin kärsimään ja ottamaan vastaan mitä annetaan. Olemme sellaisia kuin uskomme olevamme.

Miten joku voi sanoa sotaan lähtiessään Jumalan olevan puolellamme ja johdattavan meidät voittoon. Tai kun suuri katasrofi sattuu niin, missä olit Jumala, kuinka annoit tämän tapahtua. Kaikissa tapauksissa olemme itse vastuussa valintojemme seurauksista.

Kehon ja hengen tasapaino

Henkiset opetukset vaativat mielen, kehon ja hengen tasapainoa.Mutta miksi mieltä pitäisi kehittää kun se on vain harhaa ja mitään mikä tapahtuu mielen projektiossa ei oikeasti tapahdu. Eikö peruskysymys ole tiedosta eli tiedät vaihtoehdot ja kuinka kaikki toimii sekä valitset hengen harhan sijaan. Miksi kehittää mieltä kun se on harha josta haluat päästä eroon. Se on kuin virus, joka tekee sinussa olevan oikean ohjelman toiminta kyvyttömäksi.

Jo kauan sitten kuulin tämmöisen lauseen." Sinun ei tarvitse oppia mitään muuta kuin se mitä et ole". Ja sitä sinä et tällä hetkellä ilmeisestikkään tiedä. Mieli toimii niin, että kun kiellät jotakin, niin "uhohdat "sen koska sitä ei ole sinulle olemassa. Kun niin sanotusti synnyt tähän mielen maailmaan ja kiellät henkisyytesi, niin sitä ei ole sinulle olemassa. Elät niinkuin uskot, se on sinulle todellista, vaikka se onkin harhaa. Se mitä et usko, ei kuulu sinun maailman kuvaasi. Olisiko tämä selitys sille miksi et muista todellista alkuperääsi vaan eläydyt tähän mielen harhaan mikä on tallentamasi ohjelma jonka perit ja opit muilta.

Henkinen tie on sitä, että alat ajatella elämän sisältävän muutakin kuin mitä mielen herättämät ajatukset heittävät sinulle koettavaksi. Kun alat ajatella ja tehdä valintoja rakkaudesta etkä pelosta, niin sinun värähtelytasosi nousee ja henki saa otetta jokapäiväisestä elämästäsi. Yleensä tämä on pitkä tie ja kestää useita kehollistumia sisältäen kärsimyksiä sekä valintoja joiden kautta se oppi tulee. Näin on sanottu, mutta onko se pakollista. Jos muistat vielä sen asteikon 0-1000 niin huomaat kun ajatuksesi muuttuvat, niin värähtely tasosi kohenee. Kun tuomitsemisen, syyttämisen, häpeän, vihapuheiden, arvostelemisen jne sijasta alat toteuttaa hyväksymistä, auttamista jne, niin muutat maailmaa.

Vähän kertausta. Kaikki on suunniteltua ja seurannassa, mitään ei tapahdu vahingossa. Kuten aiemmin totesin tämä on neljäs maailmankausi. Ensimmäinen tuotti elementeistä tulen sitten tulivat ilma, vesi ja maa. Ensimmäinen eli tuli on kaikkien perusta. Se elementeistä ainoa, joka voi muuttaa aineita toiseksi. Kun jokin palaa tulessa on lopputuloksena eri ainetta palamistuloksena kuin se mitä poltettiin. Muutkin elementit voivat muuttaa olotilaansa, mutta silti ne ovat samaa ainetta. Aina kun uusi maailman kausi alkaa niin se rakentuu siten käymällä aikaisemmat kehityskaudet läpi.

Samaten nyt maapallolla on ollut lemuria, atlantis jne,joissa kehot ovat käynneet läpi edellisten maailman kausien kehitykset läpi. Kun maapallolle elämä kehittyi niin jos muistat sen luettelon missä oli mainittu elämän kehittyminen,niin siinä listassa oli ensimmäisenä bakteeri. Bakteerit ovat kehon toimivuuden perusta. Bakteerit olivat täällä ensimmäisenä ja ne hallitsevat elämää tällä palolla. Ilman niitä mikään ei olisi mahdollista. Bakteereja on joka paikka täynnä. Kourallisessa maata on enemmän bakteereja kuin on tähtiä taivaalla. Niitä on ilmassa, vedessä, maassa, kehossa, kasveissa,siis joka paikassa. Ihollasi on yli tuhat bakteeria ja 40 eri sieni lajia. Suolistosi on täynnä erimuotoisia bakteereja. Elimistössäsi on sata biljoonaaa bakteeria, keho ei voi elää ilman niitä. Ne muodostavat sisällämme aivan oman maailman. Bakteereilla on suuri merkitys elämällemme. Bakteerit ovat tärkeitä immuunipiolustuksellemme. Joka bakteerilla on oma tehtävänsä. Esim suolistossamme osa tuottaa ravinteita ja vitamiineja. Osa sulattaa ruokaa ja muuntaa sen energiaksi. Siis hyvät bakteerit ovat elinehto kehollemme ja voi kai sanoa koko maapallon elämälle. Ne ovat elämän perusta. Siksi ei voi sanoa, että bakteereita pitäisi välttää. Onhan se varmaan todettu, että terveen elämän perusta ei ole kliiniset elinolosuhteet vaan missä on enemmän bakteereita tarjolla. Tarkoittaa ehkä ettei kotona tarvitse desinfioida kaikkea eikä kotieläimetkään ole pahasta.

Bakteereilla on hyvin monimutkainen elämä. Niillä on ruuan sulatus-, hengitys-, lisääntymistoiminto. Hermosto, tunne-elämä ja lukevat ympäristöä. Vastaavat ympäristön vaihdoksiin muuttamalla käytöstä ja toimintaa. Ympäristön vaihdos tarkoittaa meissä asuville bakteereille minkälaisen tunne ympäristön heille annamme. Sanotaan solujen antavan meille rakenteen, toiminnan ja elämän. Elämä on liikettä ja solut valmistamalla proteiineja mahdollistavat sen meille. Ilman bakteereja soluilla ei kuitenkaan olisi elinmahdollisuuksia. Siitä voisimme päätellä että todellisuudessa bakteerit antavat meille elämän.

Mitä tämä tarkoittaa meidän kohdallamme. Olemme täynnä soluja. Kaikki mitä meissä on, on rakentunut soluista. Solut antavat meille rakenteen, muodon, toiminnan ja bakteerit pitävät solut toiminnassa. Kehomme on soluille oma ja koko maailma. Kehomme on bakteereille, sienille, viruksille ja mitä muuta siellä vielä on, oma maailma. Kuka siis omistaa kehomme. Me, solut vai bakteerit. Minkä osan ja toiminnan me omistamme ja hoidamme? Kun vertaamme mitä solut ja bakteerit omistavat ja tekevät, mitä jää meille jäljelle. Vaikka "meitä" ei olisi niin keho toimisi samalla tavalla ja paljon paremmin. Sillä meille jää vain hyvä yritys tuhota sitä mikä toimisi loistavasti ilman meidän sabotointia. Sitten on vielä tietoisuus mikä valvoo ja laittaa kaiken toimintaan sekä hoitaa tiedon välityksen kaikkien välillä.

Mitä syömme ja kaadamme kurkusta alas ei aina ole terveellistä kehon toiminnalle. Puhumattakaan tupakasta, huumeista, lääkkeistä, alkoholista ja muista myrkyistä. Tästä kaikesta solut ja bakteerit yrittävät selvitä parhaansa mukaan. Nyt tutkitaan bakteerien vaikutusta mm. lihavuuteen kun on todettu ettei ns. lihavuus geenillä ole mitään tekemistä lihavuuden kannalta. Sehän on aivan selvä, että bakteerit ovat ratkaisevassa asemassa ravinnon ja energian hoitamisessa. Tutkijat kuitenkin toteavat tutkimisen olevan vaikeaa koska bakteerit käyttäytyvät eri tilanteissa eri lailla. Nekin saavat ohjauksen meidän tunneelämästämme ja reagoivat stressiin niin kuin solutkin. Aikaisemmin totesin, että bakteereilla, kasveilla, eläimillä ja ihmisillä on oma tietojärjestelmä, johon kaikki reagoivat eli jos jossain jollekin sattuu kriisi niin kaikki reagoivat siihen. Tämä tietojärjestelmä on kaiken sähkömagneettisen värähtelyn yläpuolella eikä reagoi muuta kuin elämän ylläpitäviin voimiin.

Miksi tämän kaiken ymmärtäminen on tärkeää juuri nyt jos ei aikaisemmin. Koska olemme mukana matkassa, jossa on meneillään ihmiskunnan suurin ja nopein muutos mitä koskaan on koettu. Normaalisti kun suunnittelet matkaa sinulla on kohde valittuna. Tutustut sen alueen kulttuuriin ja nähtävyyksiin. Sen perusteella valitset mitä haluat nähdä ja kokea. Mikä on paras aika matkustaa jne. Nyt koko ihmiskunta on matkalla ja suurin osa ei edes tiedä minne. Tämä matka on sellainen jossa kaikki ovat mukana ja olemme pitkällä menossa kohti tuntematonta. Osa ei tiedosta olevansa matkalla. Kaikki on jo muuttunut. Olosuhteet, ajatukset, talous, ihmissuhteet, tiede, teollisuus jne. Suurin osa odottaa elämän palautuvan ennalleen ja vanhojen hyvien aikojen palaavan. Niin ei voi tapahtua, se aika on mennyt ja mikä on normaalia on nyt. Senkin takia olisi hyvä ymmärtää tämä koska se vaikuttaa ajatuksiimme ja siihen miten koemme maailman ja ihmiset ympärillämme. Muutoksen nopeudessa ihmiset muuttuvat eri tahtiin ja tämä aiheuttaa ristiriitoja esim parisuhteissa kun ei enää ymmärretä toisen ajatuksia ja käytöstä. Tavoitteet ja odotukset tulevaisuudesta eivät enää ole saman suuntaiset. Kun maailma ja muutoksen energiat voimistuvat, niin se aiheuttaa epävarmuutta ihmismielessä. Pitäisi tukea toista ja ymmärtää ettei se johdu meistä kahdesta vaan muutoksen energioista. Kun tuntee jotain olevan tulossa ja muuttumassa, eikä tiedä mitä se on. Mielessä on sellainen rauhattomuus kun tuntee, että jotain pitäisi tehdä muttei tiedä mitä. Näinä aikoina menetetään työpaikkoja, joita ei koskaan saada takaisin siinä muodossa kuin oli ennen. Ja se muuttaa monen elämää.

Tässä kohtaa auttaisi tieto siitä mitä on tapahtumassa ja miksi. Edellytys on laajentaa ajatuksia ja antaa mahdollisuus sille, että muutakin on olemassa kuin tämä materiaalinen maailma sekä usko siihen ettei kaikki välttämättä ole totta ja niinkuin meidän on opetettu sen olevan. Kun uskoo tämän kaiken taustalla olevan suuremman voiman, joka on tämän kaiken luonut ja varmasti ohjaa tulevaisuutta niinkuin se on kaikelle elämälle parhaaksi. Ei kai kukaan luo jotain tuhotakseen sen ilman mitään syytä. Tämä tieto ja varmuus siitä, että paras mahdollinen tapahtuu sekä luottamus elämään poistaa sen rauhattomuuden mielestä ja antaa tilaa seurata mitä tapahtuu muutoksen pyörteessä olematta itse mukana karusellissa muutakuin kehona, ei mielellä.

Nyt olemme tilanteessa jossa maailma, olosuhteet, talous, ilmasto ja luonto ovat jo muuttuneet. Mutta meidän mielemme, ajatuksemme ja odotuksemme eivät ole. Suurin osa väestöstä haikailee ja odottaa entisten hyvien aikojen paluuta, mutta se ei voi tapahtua. Sen on huomannut kun katselee ja kuuntelee maan hallituksen ja työmarkkinajärjestöjen välilistä neuvotteluista ja ihmisten odotuksista. Saavutetuista eduista ei voi luopua vaikka niitä, mistä aikanaan on sovittu, ei ole enää olemassa, mutta ne pitäisi jostain taikoa. Siksi olisi hyvä jos ymmärtäisi edes pääasiat muutoksesta, joka täytyy tapahtua sillä eihän kehitys voi polkea paikallaan. Olisi itselle hyväksi jos voisi rauhallisin mielin ja levollisena katsoa miten elämä järjestelee asioita. Kaikki tapahtuisi paljon helpommin jos antaisimme asioiden tapahtua emmekä koko ajan soutaisi vastavirtaan muutosta vastaan. Jossain on sanottu, että kun vuonna 2012 joulukuussa maya kalenteri loppui niin on 36 vuotta aikaa viedä muutos läpi. Tulos riippuu siitä kuinka hoidamme asian.

Ihminen on moni tasoinen ja monimutkainen kokonaisuus missä yhdistyy miljoonien vuosien mittainen yhteinen alitajuntainen tietoisuus ja se eristyneisyyden tunne mihin nyt takerrumme. Luulemme olevamme kaikesta erillämme ja ajamme vain omaa etuamme luullen sen olevan tärkein ratkaisu ongelmaamme. Tämä eristeneisyyden ja voimattomuuden tunne, joka on iskostunut mieliimme saa meidät uskomaan ettei mitään ole tehtävissä emmekä me voi mitenkään auttaa tilannetta. Kaksi täysin vastakkaista esimerkkiä. Ranskaan valittiin presidentti joka antoi maalle ja maailmalle uskon, toivon ja rehellisyyden tunteen. Amerikkaan valittiin presidentti ja sen jälkeen tuntuu että valehtelu, epärehellisyys, ja oman eduntavoittelu on sallittua. Molemmisa tapauksissa yksilöllä oli äänestämisen kautta mahdollisuus vaikuttaa. Asia olisi aivan toisin kun toteaisimme tilanteen ja mihin olemme menossa, niin voisimme näistä lähtökohdista suunnata ajatuksemme tulevaisuuteen sellaiseen ratkaisuun minkä haluaisimme toteutuvan. Tietenkin sen tarvitsee olla sellainen joka on ihmisten ja universumin kannalta parasta, ei vain omaa etua tavoittelevaa. Tiede on se mihin moni vetoaa ja pohjaa uskonsa. Eräässä tv ohjelmassa eräs tv kuuluisuus esitti oman näkemyksensä tueksi " onhan tiedekin sen todistanut". Mitä tiede on oikeasti todistanut? Se mikä tänään on tieteellisesti todistettu on huomenna kumottu uusien löydöksien myötä. Kuva maailman rakenteesta on niin moneen kertaan muuttunut että mihin voi todella luottaa. Vaikkakin materian tasolla tiede on tehnyt mullistavaa työtä, niin elämän tasolla tulos on heikko.

Vaikka osa tieteestä on tehnyt jo oikeansuuntaisia oivalluksia, niin niistä ei kerrota pääinformaatio lähteissä, lehdissä ja tv:ssä. Mielenvoiman ymmärtäminen luo valtaa. Sitä valtaa ja voimaa käyttää vain pieni osa väestöstä. Eikä sitä haluta kaikille jakaa. He, jotka ovat olleet vihkiytyneitä hengen tieteen salaisuuksiin, ovat aina tienneet mielen suurista voimista. Ja ennen se oli vain pienien salaisten piirien tietoutta. Kun 1900 vuosisadan alussa suuret tiedemiehet Einstein, Bohrn, Tesla, Blacnk jne. alkoivat puhua johtopäätöksistään ja tutkimuksistaan, että maailman on luonut ja järjestelee suuri äly, niin päättäjät huolestuivat. Sekä on olemassa mahdollisuus, että kaikki voivat saada sen suunnattomat voimavarat käyttöönsä.

144

Silloin muodostui suuri huoli mitä maailmasta tulee jos kaikki alkavat käyttää näitä voimia. Aloitettiin tarkoituksellinen tiedon salaaminen. Tiedetään, että on suuri tiedemiesten joukko, jotka tietävät mutta joiden tietoja ei julkisteta eikä jaeta valtamedioissa vaan ne salataan ja valtaapitävät käyttävät niitä omiin tarkoituksiinsa.

Kansalle luodaan kuva kaiken olevan tässä. Mutta nykypäivänä tämä tiedon salailu purkautuu vaarallisella tavalla ja on johtamassa maailman sekasortoon. Kuitenkin alitajuisella tasolla muuttuvat maailman kehitykselliset energiat vaikuttavat ihmismieleen levottomuutena ja muutoksen paineina. Kun sen ei anneta tapahtua tämän tason jokapäiväisessä elämässä niin se purkautuu vihapuheina, mellakointina ja väkivaltaisuuksina. Vaaleissa voittavat ne, joita kutsutaan populisteiksi kun he lupaavat jotain muuta kuin ne politiikot, jotka valtaa pitävät nyt eivätkä ole valmiita muuttamaan nykytilannetta. Miksi he luulevat menettävänsä kannatuksensa lupaamalla jotain uutta koska he, jotka lupaavat kasvattavat suosiontansa. Vai onko niin etteivät he halua muuttaa vallitsevaa tilannetta.

Sen takia on haluttu pitää kiinni väitetystä totuudesta, että jos olet syntynyt köyhään työläisperheeseen niin geenit määräävät sellaisena sinun pysyvän. Niinkuin jossain mehiläisyhteiskunnassa, jossa synnytään duunariksi ja jotkut harvat kuningattariksi. Sitä kutsutaan darvinismiksi, joka on yksi tieteen peruspilareita ja moneen kertaan todettu vääräksi. Sitä ei haluta kumota koska se palvelee tarkoitustaan maailaman pitämiseksi ennallaan.

Kun media, tiede ja yleinen ilmapiiri haluaa ja pitää ihmisen uskomukset sellaisina kuin ne ovat olleet, niin yksittäisen ihmisen mieltä on vaikea ja jopa mahdotonta muuttaa jos ei se tule ihmisestä itsestään. Sanotaan sairasta on vaikea parantaa jos hän ei itse halua parantua. Nyt alkaa olla tilanne missä voidaan puhua mielen sairaudesta. Kun ei ymmärretä mitä elämä oikeasti on.

ELÄMÄN TARKOITUS

Normaali elämä on mukavuus alueella ja turvalliselta tuntuvassa menossa olemista. Tarkoitusta haetaan muotivirtauksista, selfietä otetaan mitä ihmeellisemmissä tilanteissa ja muuta vastaavaa, mikä mukamas on muodikasta ja makeeta. Kuuluminen yhteiskunnallisiin kantaa ottaviin, puolesta tai vastaan sekä yhdistyksiin että seuratoimintaan ovat keinoja, joilla etsitään korvaavaa tarkoitusta oikealla kaipuulle tehdä jotain mikä antaa merkityksen elämälle.

Vakava sairaus, onnettomuus tai vastaava itselle tai lähipiirille, voi saada muutoksen aikaan. Silloin pysähdytään ja mietitään elämän arvot uusiksi. Elämän polku on mietitty tarkkaan ja se ohjaa elämän oikealle uralle jos ei ole sitä oivaltanut silloin kun se olisi ollut vapaaehtoisesti tehtävissä. Voin sanoa, että elämää järjestellään joka hetki. Sinut saadaan tekemään juuri se mikä pitääkin. Asiat ajautuvat siihen pisteeseen kun ratkaisun hetki on käsillä, niin silloin vaihtoehdot ovat vähissä. Joku pieni asia, joka ei sillä hetkellä tunnu mitenkään merkitykselliseltä tulee päivien, viikkojen, kuukausien jopa vuosien jälkeen näyttelemään ratkaisevaa osaa valinnassa, joka on tehtävä.

Täytyy ihmetellä elämää, joka käsikirjoittaa näytelmää jota esitämme. Vuosien päästäkin eri tapahtumat ninoutuvat sellaiseksi draamaksi ettei uskoisi. Tähän tulokseen voi tulla jos tarkkailee oman elämänsä tapahtumia ja tarkoituksia miten tähän on tultu. Ei ole niin pientä valintaa eikä ratkaisua, etteikö sillä olisi merkitystä.

ME OLEMME VALO OLENTOJA

Me olemme valon lapsia. Hengen tiede on aina sanonut meidän olevan valo olentoja. Se pitää paikkansa. Koko aurinkokunta maa mukaan lukien saa energiaa auringosta. Auringosta energia tulee valon muodossa. Ilman sitä mikään ei olisi mahdollista. Kun energia säteet pysähtyvät maapallolle ne muuttuvat valoksi, fotoneiksi. Ne koemme valona. Sen mukana tulee energia ja tieto joka auringossa maailman kehityksestä on. Maallisella mielen tasolla bakteerit olivat ensimmäinen elämänmuoto maapallolla ja bakteerit nyt hallitsevat ja pitävät elämän mahdollisuuden olemassa. Kehossa bakteereilla on ratkaiseva merkitys toiminnan kannalta. Ensimmäisessä maailman ilmentymisessä ja meidän kehollistumisessamme oli tuli ja valo läsnä. Siitä on peräisin tulielementti, joka on ainoa muista elementeistä poiketen, joka saa muutoksia aikaan. Silloin oli meidän ensimmäinen kehollistumisemme tälle tasolle. Kuten aikaisemmin sanoin, kun tämä neljäs maailmankausi käynnistyi, niin kävimme kaikkien aikaisempien kausien kehityshistorian läpi ennenkuin saavutimme nykyisen kehon. Eli ensimmäinen kehomme tällä tasolla on rakentunut valosta, joka on olemassa siitä myöhemmin syntyneiden kehojen taustalla. Meidän kehollamme on alitajunta, joka on maapallo-tietoisuus ja siihen liittyy elämänhistoriamme maallisessa vaelluksessa. Ylitajunta, joka käsittää henkisen historiamme, sen sijainti on auringossa. Mistä se virtaa energian mukana minkä vastaanotamme auringosta.

Venäläiset tiedemiehet ovat tehneet kokeen, jossa fotoneita laitettiin suljettuun tilaan. Tässä tilassa ne olivat epämääräisessä järjestyksessä, mutta säilyttivät olomuotonsa. Kun tähän tilaan vietiin palanen DNA:ta niin fotonit järjestäytyvät ja hävisivät näkyvistä. Tästä voimme vetää sen johtopäätöksen, että DNA imee valoa eli foneita. DNA saa myös tietonsa fotoneista, jotka tulevat auringosta. Auringossa asustaa ne olennot, jotka kokivat kehollistumisensa ensimmäsessä maailman kaudessa. He ovat ne, jotka laittoivat kehon muodostumisen alulle. Heillä oli ja on tiedossa mitä piti tehdä sekä mitkä olivat tavoitteet kehon osalta myöhemmin. Kaikki se tieto on olemassa auringossa. Sieltä se on saatavissa energian muodossa ihmisen DNA:lle. DNA on jokaisessa solussa, solunkalvo toimii korkealle tietoisuudentaajuudelle kuin prosessori tietokoneessa. DNA on ohjelma jota prosessori käyttää ja fotonit on tietoa, jota DNA lataa aivan kuin kovalevylle päivityksinä.

OLEMME HYPNOTISOITUJA

Sen lisäksi, että olemme ohjelmoituja niin olemme myös hypnontisoituja. Meillä on lyhyen ja pitkän kestoisuuden muistit. Lyhytkestoisen sanotaan kestävän 25 s ja sijaitsevan aivojen etuosassa missä teemme kaikki päätökset tässä hetkessä. Pitkäkestoinen muisti tallentaa kaiken alitajuntaan. Päivän mittaan aivot tallentavan ison määrän dataa mitä tietoinen mieli ei kerkiä prosessoida. Unien sanotaan johtuvan siitä, että käsittelemättä jäänyt data käydään lävitse ja lajitellaan tulevaa käyttöä varten. Joka aamu kun heräämme, data ladataan käyttömuistiimme. Muuten joutuisimme opettelemaan kaikki tiedot ja taidot uudestaan kuten kävelyn, pyörällä ajamisen jne. Kaikki tiedot, käden taidot ja osaamiset palautetaan ja sen perusteella tiedämme ja uskomme osaavamme ne. Siinä palautuu myös tieto ja uskomus mitä olemme. Kehossa on ominaisuus, joka palauttaa määrätyssä kansiossa olevat tiedot. Kuin tietokone kun se käynnistetään, niin se lataa määrätyt ohjelmat, jonka jälkeen kone on valmis käytettäväksi. Hypnoosista on kaikenlaisia käsityksiä ja se koetaan jollainlailla mystiseksi. Parhaiten sitä kuvaa unenomainen tila, jossa tietoinen mieli osittain tai kokonaan suljetaan pois. Miten tämä onnistuu? Aivojen värähtely saatetaan alfa tai theta taajuuksille. Silloin annetut käskyt tallentuvat kansioon, josta tiedot ladataan käyttömuistiin kun keho herätetään päivätietoisuuteen. Eli hypnoosissa käytetään kehon omaa toimintatapaa saada asia tietoisuuteen todellisena kun se palautuu unenomaisesta tilasta päivätietoisuuteen. Samalla tavalla kaikki mitä päivän mittaan kuulemme, opimme, omaksumme ja uskomme todeksi, tallentuu muistiin ja latautuu seuraavana aamuna totuutena ja ohjaavana tekijänä ohjelman käyttömuistiin ja ohjaa sekä vaikuttaa ajatteluumme että toimintaamme.

Hypnoosi on siis tiedon saattamista alitajunnan muistiin missä kaikki ohjelmat ovat ja jotka määrittävät käytöksemme kun olemme autopilotilla. Sitähän olemme 95 % ajasta. Se on sama antaako käskyt hypnotisoija vai saammeko päivän mittaan sellaista tieto mediasta, tieteestä, kavereilta, televisiosta, vanhemmilta jne. Kaikki tieto mikä johtaa siihen, että siitä tulee niin vahva tunne tai oivallus," hei tämähän on totta", muuttaa uskomusjärjestelmääsi. Myöhemmin se vaikuttaa kaikkeen miten koet ja näet asiat.

MITEN ELÄMME ELÄMÄÄMME

Elämään ja jokapäiväiseen toimintaamme vaikuttaa uskomusjärjestelmämme. Minkä uskomme todeksi on meidän todellisuus. Sen mukaan vastaanotamme asiat ympäristöstämme ja muutamme ne ajatuksiksi , valinnaksi sekä kokemukseksi. Mihin emme usko sitä ei periaatteessa ole meille olemassa emmekä reagoi siihen. Se mihin uskomme luo meille tarpeita ja tavoitteita toteuttaa sitä mitä haluamme elämässämme kokea. Yleensä se vaatii rahaa asuntoon jollaisessa haluaisimme asua ja missä olisimme onnellisia. Toisilla se on omakotitalo maalla tai kaupungissa, toisilla taas kerros- ta rivitalo. Jotkut haluavat asunnon lisäksi kesämökin, asuntovaunun, veneen jne. Se miten näet elämäsi luo ne tarpeet joita haluaisit saavuttaa. Kun olet kohdistanut huomiosi näiden tarpeiden saamiseksi, niin sinun pitäisi myös ne saada, jotta olisit tyytyväinen elämääsi. Yleisin tunnettu keino niiden saamiseksi on työnteko. Mutta sekään ei aina takaa, että saavutetaan se mitä halutaan. Nykyään kaikille ei edes riitä työtä tehtäväksi ja tulevaisuudessa vielä vähemmän. Ehkä sekin takia olisi hyvä alkaa ajattelemaan elämää yleensä uudelta kannalta. Niinkuin aikaisemmin on tullut todettua ettei ihmiset vapaaehtoisesti ajattele asioita ja hae muutostosta elämäänsä. Sairaudet, onnettomuudet, katasrofit ovat tehneet niin. Nyt kun muutos energioissa ja olosuhteissa on käynnissä kiihtyvällä vauhdilla, niin yhä suurempi joukko ihmisiä ajautuu tilanteisiin, jossa elämän katsomusta on muutettava. Työttömyys ja toimeentulon horjuminen sitä kautta ovat sairauksien kanssa vastaanvanlainen paineita muutokseen ajava tilanne. Silloin olisi hyvä tietää että elämä järjestää asiat niinkuin niiden kuuluu järjestyä. Elämään voi ja pitää luottaa ja kaikki on niinkuin uskot sekä ajattelet niiden olevan. Maailma pysyy suurinpiirtein samanlaisena siellä on meriä, järviä, jokia, vuoria, puita, maisemia, auringonnousuja, -laskuja jne kaikkea mistä voi saada ihania nostattavia onnentunteita kun katselet niitä. Kun olet masentunut et edes huomaa niitä ja jos huomaat ei ne anna sinulle mitään erityistä ja silti ne ovat siellä koko ajan. Mistä se johtuu, mielentilasta ja mistä johtuu mielentila. Jostain asioista joita et halua elämääsi, menneistä tai tulevista. Menneet ovat menneet ja tulevat ovat jossain tulevaisuudessa eikä niistä tiedä toteutuuko ne niinkuin luulemme tai sitten ei ollenkaan. Miten koet tämän hetken riippuu mihin kohdistat huomiosi. Menneen tai tulevan ei- toivottuihin tapahtumiin vai tulevaisuuteen ja elämään, jollaista haluaisit elää.

MIETELMIÄ

Jo se ettei voi olla ei- mitään, koska olemme täällä, todistaa ettei jatkossakaan voi olla ei- mitään. Mikä merkitsee meidän olevan ikuisia. Koska olemme energiaa ja energia on ikuista, se ei häviä mihinkään. Muuttaa kyllä muotoansa, muttei häviä. Yksikään atomi ei häviä niin ettei sitä löydettäisi. Vaikka näyttääkin tästä katsonta- kulmasta, että olemme materiaa niin silti suurimmalta osin olemme värähtelyä. Sitähän materiakin on, värähtelyä, eli periaatteessa emme ole mitään muuta kuin energiaa. Kaikki on liikkeessä ja muutoksessa, ainoa minkä sanotaan olevan paikallaan eikä koskaan häviä, on alkulähde. Kaikki perustuu energian virtaukseen. Se lähtee alkulähteestä, käy läpi monia muutoksia matalammaksi värähtelyksi, kunnes vihdoin saapuu tälle tasolle missä me olemme. Paitsi, että kaikki on virtausta ja muutosta, niin myös laajenemista ja supistumista. Energia virtaa alkulähteestä alemmille tasoille kunnes saavuttaa pisteen, josta se lähtee virtaamaan takaisin lähtöpaikkaansa. Bakteereista lähtien kaikki hengittävät, solut, kehomme, me ns. synnymme ja kuolemme. Meillä on kehossa, lapsuus, aikuisikä, vanheneminen, ns. kehon kuolema. Maapallolla on vuodenajat. Kevät on lapsuus uuden syntyminen kasvun käyntiinlähtö. Kesä on aikuisuus, siitä nauttiminen mitä on kasvulla aikaansaatu. Syksy on valmistautumista luopumaan kaikesta ja levolle menoa. Talvi on aikaa, jolloin käydään edellinen kasvukausi läpi ja valmistaudutaan seuraavaan.

Aurinkokunnalla, linnunradalla ja koko maailman kaikkeudella on omat vuodenaikansa. Siitä kun ensimmäinen energiavirta lähtee alkulähteestä alkaa maailman kaikkeuden rakentaminen ja laajentuminen. Aina siihen asti kunnes alkaa energioiden takaisin veto. Kaikki on yhtämieltä siitä että maailmankaikkeus laajenee kaiken aikaa. Eli on laajenemisvaihe vielä menossa. Silloin kuin laajennutaan niin rakennetaan uutta. Kun rakennetaan uutta niin tarvitaan rakentajia. Puhutaan ulottuvuuksista ja tasoista kun on määrättyjä värähtely oktaaveja, joissa pätee sille tasolle ominaiset lainalaisuudet. Sen vuoksi mekin olemme täällä rakentamassa laajenevaa maailman kaikkeutta. Me olemme sen viimeisellä rajalla luomassa uutta maailmaa, muuttamassa henkistä energiaa materiaksi sekä materiaa energiaksi.

Sanotaan meidän olevan täällä ja tässä tilassa koska luulemme olevamme erilään luojastamme. Kuka oli ensimmäinen ja ketkä seurasivat tätä harhautunutta. Ehkä Aatami ja Eeva ja heidän jälkeläisensä. Se on selvä, olemme erillämme jostain. Kaikki muut hiekanmurusesta, kasveihin, soluihin, siemeniin jne. tietävät totuuden paitsi me. Ainoastaan me uskomme olevamme täysin erilisiä kaikesta muusta emmekä vaikuta mihinkään paitsi jos räjäytämme jotain taivaan tuuliin. Sitähän onkin sitten tehty ihan kiitettävästi.

On myöskin sanottu maapallon olevan elämän kokeilu planeetta. Sitä puoltaisi meillä oleva ohjelma, jossa ajatuksella ja tunteilla voimme luoda omaa tulevaisuuttamme. Se ei ole välttämättä samansuuntainen sen ohjelman kanssa, joka meillä on tavoitteena suorittaa tässä elämässä. Tällaista ohjelmaa ei saada aikaiseksi jollain väärällä valinnalla vaan kyllä se tuntuu ohjelmoitsijan suunnitelmalliselta teolta. Olen myös kuullut mielenohjelmasta jota ajatukset ja tunteet käyttävät. Se olisi virusohjelma, joka sotkee ettemme noudata alkuperäistä elämän kehitysohjelmaa.

Kaiken tarkoituksena tuntuu kuitenkin olevan ns. valaistuminen. Eli mielen ohjelmasta irtipääseminen. Yksi tie, joka tähän on johtanut, on kärsimystie. Jos halutaan nopeammin perille kuin mitä normaali elämä kärsimyksiä tarjoaa. Sillä sitähän se elämä tarjoaa sopivina annoksina. Kullekin tarpeen ja kestokyvyn mukaan. On sanottu että, jos ei itsellä ole kiinnostusta kehittyä ja tavoitella jotain mikä vie kehitystä eteen päin, niin kärsimys puuttuu peliin. On olemassa ainakin kolme tietä valaistumiseen. Henkisen kehityksen tie missä muutat elämän suunnan, joka palvelee rakkauden eli sen virtauksen joka virtaa lävitsemme mahdollisemman vapaan ja muuttumattoman virtauksen. Palvelun tie jossa teet pyyteetöntä työtä muiden parhaaksi. Tai tiedon kautta tiedostat ja ymmärrät kuinka kaikki toimii sekä huomaat missä harhassa elät eikä mitään oikeasti tapahdu.

KOKONAISUUS

Palataksemme vielä alkuun kaiken sen jälkeen mitä nyt tiedämme. Synnymme tänne tavallaan tyhjällä ohjelmalla missä on perustietona aikaisemmista elämistä tähän elämään tarkoitetut haasteet ja niiden toteuttaminen. Elämäsi alkuvuosina aivosi ovat theta tilassa mikä on sama kuin hypnoosia käytetään tekemään muutoksia alitajuntaasi. Silloin nauhoitat kaiken mitä ympärilläsi tapahtuu. Eikä se ole mitä sinulle tai yleensä puhutaan vaan käytöksestä, kehonkielestä, energoista jne. Vaikka yrität valheilla sanoa jotakin mitä et todella halua vauvasi tietävän et siinä onnistu. Vauva yleensä katsoo silmiin ja kasvoihin lukee siitä ilmeiden sekä kehonkielen kautta mitä oikeasti tapahtuu. Tallennat näin kaiken, on sanottu ensimmäiset seitsemän vuotta mutta jo kaksi vuotiaana on persoonallisuutesi pitkälle muodostunut. Nämä seitsemän vuoden jaksot menevät chakrojen mukaan sillä ensimmäisen eli juuri chakran valmistuminen kestää sen ajan.

Jokainen kasvaa erinlaisessa kodissa erinlaisten vanhempien kanssa. Kokee ja tallentaa kokemaansa asiat eri tavalla niin on mahdotonta että maailmassa olisi kahta samanlaista ihmistä. Samassa perheessäkin kasvaneet ovat syntyneet eri aikaan ja ympäröivät olosuhteet ovat muuttuneet sekä ihmiset ympärillä. Siksi totuuksia on yhtä monta kuin ihmisiä miten he näkevät ja hahmottamat maailman. Jokainen luulee hänen totuutensa olevan oikean. Kukaan ei näe asioita niinkuin ne on vaan omien filttereidensä läpi Siitä tulee ristiriidat kun ei ymmärretä eikä suvaita muita näkemyksiä kuin se mikä oletetaan olevat muidenkin totuus niikuin oma on. Nauhoitus alkaa jo ennen fyysistä syntymää ja siinä ei erotella mikä on oikein ja mikä väärin vaan kaikki tallennetaan sellaisenaan. Sen tarkoituksena on antaa sinulle persoonallisuus sekä ikuiselle itselle ja sielulle mahdollisuus kokea elämä. Tällä tavalla muodostetaan roolihahmo joka näyttelee tällä näyttämöllä. Sen takia tuleva sielu ennakkoon valitsee perheen ja olosuhteet mihin syntyy. Missä on parhaat olosuhteet saada sellainen ohjelma tallennettua mikä parhaiten auttaa saavuttamaan ne tavoitteet mitä tälle elämälle on asetettu. Se on perus ajatus ja oletus mutta myöhemmin elämässä kaikki on itsestä, tiedosta ja uskomuksista kiinni miten se menee. Pitääkö kaikki kokea ojien pohja mutia ryömien vai hyppimällä ojien yliste. Ihmeiden oppikurssi opettaa anteeksiantoa millä lyhennetään elämien määrää. Anteeksiannon soveltamisesta käytäntöön on Gary Renard kirjoittanut kirjasarjan ja hänelle kerrotaan anteeksiannon sujuneen niin hyvin että hän vältti auto-onnettomuuden. Eli asioita oikein tekemällä voi tasoittaa tietä eikä tarvitse kaikkia kuoppia käydä lävitse. Mielenkiintoinen asia tästä anteeksiannosta, perustuu siihen, että kaikki podemme syyllisyyttä koska koemme eronneemme Jumalasta ja alkulähteestä.

Meillä on olettamus, että vain meillä on kyky hahmottaa ja tiedostaa maailmaa ja se ainoa tapa tehdä se. Kun tiede etsii elämää universumista niin olettamus on, että se olisi samanlaista kuin me sen koemme. Kun kaikki on energiaa eli värähtelevää sähkömagneettista säteilyä ja koko maailman kaikkeus rakentuu siitä. Ainoa päätelmä minkä voimme tehdä, on että kaikki tieto on kaikkialla. Ainoastaan ero on siinä kuka tulkitsee tämän tiedon ja millä ymmärryksellä.

Jos taas käytämme radiotekniikkaa esimerkkinä. Ensin keksittiin am lähetykset, jotka ovat aallon pituudeltaan pitkää matalavärähtely aallonpituutta. Myöhemmin tuli fm eli ula- radiot, jotka ovat lyhyempää ja korkeampaa värähtelytekniikkaa. Eli tässäkin ensin oli matalampi värähtelytekniikkaa missä äänen laatu oli vähän sitä sun tätä. Kun kehitys meni eteenpäin, niin fm- taajuuksien kehityksen yleistyessä äänen laatu parantui ja tuli stereolähetykset jne. Kun jo aikaisemmin todettiin aivojen olevan vain lähetys ja vastaanotin, niin jos ne ovat säädetty am vastaanotolle et voi tietää mitään fm taajuuksien ihanuuksista. Sinä voit vaikuttaaa mille taajuudelle sinun aivosi on viritetty.

Paitsi, että tämä ihmisen elinympäristö on täynnä kaikelaista ihmisen aikaan saamaa ja kehittämää värähtelyä, niin koko universumissa vaikuttaa energia, joka sisältää äärettömän skaalan värähtelytaajuuksia. Ihmisen tekemät taajuudet sisältävät radio, televisio, puhelin, tietoliikenne,tutka, sateliitti jne. tajuuksia. Näitä taajuuksia risteilee koko ajan ympärillämme emmekä tiedä niistä mitään. Tarvitaan laite mikä on kehitetty vastaanottamaan ja tulkitsemaan määrättyä taajuutta. On olemassa yksinkertaisia laitteita, joiden tehtävä on saada jotain määrättyä informaatiota ymmärrettävään muotoon. Sitten on monimutkaisia teknisesti pitkälle kehitettyjä vekottimia, jotka voivat tulkita useammastakin lähetteestä informaatiota. Samoin on myös universumin energian laita. On kivi-, kasvi-, eläin- ja ihmiskunta. Kaikki ovat rakennetut samasta lähteestä käsin ja ne tulkitsevat universumin energiasta niiden tehtävän mukaisen informaation, jota ne tarvitsevat tehdäkseen tässä elämässä sen mikä on niiden tarkoitus. Kaikella on tarkoitus. Kivikunta ja maaperä yleensäkin tarjoavat kasvualustan kasveille, jota suurin osa eläinkunnasta käyttää ravinnoksi kuten myös ihmiset. Eläinkuntaa tai siitä tulevia tuotteita ihmiset sekä osa eläimistä käyttävät ravinnon saantiin. Sillä tavalla kaikella on tarkoituksensa eikä mikään ole sen vähäisempi tarkoitukseltaan. Sitten on aurinko, josta tulee kaikki energia ja tieto elämän ylläpitämiseksi maapallolla.

Kaikki on luotu samasta lähteestä ja ovat samanarvoisia koska ne suorittavat tehtävää mitä varten ne on luotu. Tässä kohtaa tulee mieleen eläimet ja niiden kohtelu. Ihminen ei ole luomakunnan kruunu niinkuin erheelliseti on annettu ymmärtää ja alistaa kaikki muut ymmärtämättömyytensä alle.

Mitä jos ihmiset yleensä on rakennettu putkitekniikalla, joka pystyy ainoastaan vastaanottamaan am lähetyksiä. Kehittyneemmät sivilisaatiot käyttävät jo transistori- ja fm tekniikkaa, joten emme millään kykene vanhentuneella tekniikalla havaitsemaan heitä. Mutta on merkille pantavaa ne jotka hallitsevat transistori tekniikan, ovat käyneet läpi putkitekniikan joten heillä on tai pystyvät rakentamaan sellaisen. Eli he voivat, jos haluavat seurata meidän lähetyksiämme ja lähettää meille jotain informaatiota jos haluavat.

Täällä on vain yksi holografinen tietoisuus ja sen projisoimat pienemmät tietoisuudet, jotka kokevat sen eriytymisen tunteen. Sinusta tuntuu jotain olevan ulkopuolellasi, mutta se johtuu vain siitä että sinulla on kaksi mieltä. Tietoinen ja tiedostamaton eli ns. alitajunta. Koska tämä tiedostamaton mieli, niinkuin nimikin sanoo toimii sinun tiedostamattasi niin siitä tulee vaikutelma, että jotakin tapahtuu sinun ulkopuolellasi ilman sinun vaikutustasi asioihin.

Mikään muu ei koe tätä maailmaa niinkuin keho sen tekee. Sillä kehossa kaikki sähköiset signaalit muutetaan kokemuksiksi niinkuin me sen koemme. Näkö, kuulo, maku,haju ja tunto ovat sähköisiä signaaleja kun ne lähtee sensoreista matkalle aivoihin. Aivoissa ne muutetaan kuviksi ja tuntemuksiksi niinkuin olemme tottuneet ne näkemään ja tuntemaan. Siksikin tämä kokemus on harhaa, sillä jos ei ole kehoa, tätä maailmaa ei ole olemassa. Aivot muuttavat silmän lähettämän signaalin kuviksi, korvan vastaanottaman värähtelyn ääneksi jne. Kun katsot kukkaa esim ruusua niin edessäsi on energia möykky, jonka näet ruusun kuvana aivojesi takaosassa. Kun kosket sitä, niin kosketat energiakoosteen osaa, joka välittää tuntemuksen miltä esim lehti tai kukka tuntuu.

Täällä on vain yksi tietoisuus, joka on tämä maailman kaikkeus, jossa on avaruuden täyttämä älykäs energia. Kaikki tapahtuu tässä yhdessä mielessä mikä sisältää kaiken mitä on. Koska tässä on kaikki mitä on. Alussa kaikki oli siinä pienessä pisteessä. Siinä vaiheessa me kaikki olemme olleet yhtä. Ja olemme sitä edelleenkin huolimatta siitä minkälaisia muotoja elämä on täällä saanut aikaan. Eli vaikka olemme eri näköisiä ja muotoisia eri energiajärjestelmällä toimivia, niin olemme yhtä. Ja meitä yhdistää se kokeessa havaittu yhteys mikä on jaetun fotonin välillä. Eli mitä muutoksia toisessa tapahtuu niin se tapahtuu myös siinä toisessa. Kun tämä elämän meri, maailman äly sykkii niin siinä energiat jatkuvasti muuttuvat värähtelyltään matalimmasta korkeimpaan ja sisältävät kaiken mitä voi olla olemassa. Eli myös kaikki kohtalot mitä voimme kokea.

Näin on teoria ollut että kaikki universumin materia olisi alussa siinä yhdessä pisteessä minkä suuri pamaus sinkosi avaruuteen. Näinhän ei ole. Universumin luominen aloitettiin siitä yhdestä pisteestä ja siitä alkoi kaiken luominen ja tyhjiön täyttäminen. Kaikki taivaankappaleet ottavat pallon muodon ja niiden rakentaminen alkaa laajentua ulospäinkeskipisteestä lähtien. Tämä piste mistä rakennus alkaa on joidenkin säteilyjen ja universaalisten energioiden leikkaus eli polttopiste. Materia mitä tähän tarvitaan luodaan siinä paikalla niiden värähtely ominaisuuksien mukaan mikä on tämän pisteen ohjelmointi ja tarkoitus. Muodostuva planeetta tai tähti saa ne ominaisuudet mitkä alkupisteessä eli tietoisuudessa oli oletuksena. Kun se saavuttaa toiminnallisen asteen niin se puolestaan alkaa säteillä universuumiin ominaislaatuistaan säteilyä mikä osaltaan rakentaa universumia eteenpäin. Sen säteily joidenkin muiden kanssa luo alun seuraavalle kappaleelle. Onhan niin kun kappele alkaa rakentumaan niin ensin siinä vaikuttaa tuli elementti mikä on elementeistä ensimmäinen ja luo uutta. Tarkoittaa että kaikki käyvät läpi vaiheen missä ne ovat hyvin korkeassa lämpötilassa. Siinä vaiheessa se voi vetovoimallaan kaapata avaruudessa kulkevia vapaita materia kappaleita ja sulattaa niitä itseensä mutta pääsääntöisesti materia luodaan keskipisteen kautta. Siksi kaikki materia ei ollut siinä herneessä.

Ihmisellä on vapaa tahto vai onko? Vapaa tahto tarkoittaa, että voimme itse valita polkumme tai kohtalomme. Mikä sitten vaikuttaa siihen mitä koemme? Se mitä koemme ja kuinka tulevaisuus muodostuu, rakentuu siitä kuinka vastaanotamme sen tiedon, jota aistimme meille lähettävät. Kun vastaanotettava tieto ja uskomus vaikuttaa käytökseen ja käytös vaikuttaa tunteisiin, niin ne muuttavat geenejä. Vastaanotto on huomiokyky varustettuna uskomuksella. Usko muuttaa aisteilta vastaanotettua dataa. Kun vastaanotto kontroloi käytöstä ja geenejä, niin vastaanoton muutos myös muuttaa käytöstä ja geenejä. Mikä sitten rajoittaa ettemme muuta vastaanottoamme ja näin ollen käytöstämme, geenejämme ja tulevaisuuttamme, jota kokoajan luomme. Tätä muutosta kahlitsevat menneisyyden muistot jotka pakottavat meidät tietämättämme reagoimaan samalla rajoittuneella tavalla ja ne vievät sinulta mahdollisuuden vapaaseen valintaan. Yleensä ihmiset rakentavat tietämättään tulevaisuutensa näiden vanhojen muistojen mukaan. Nämä alitajunnasta tulevat muistot pakottavat reagoimaan asioihin samalla tavalle kuin ennenkin, emmekä ymmärrä miksi reagoimme niinkuin reagoimme tai luulemme olevamme luonteeltamme sellaisia ja sille ei voi mitään. Kun muistamme reaktiomme vastaanottoon se aiheuttaa käytöksen, joka vaikuttaa geeneihin. Reakoitti asioihin ilman meidän vaikutustamme tosiaan vie meiltä vapaan tahdon.

Sen tähden tieto on valtaa kun olet luullut,että olet aina sortunut samoihin virheisiin luullen että se kuuluu sinun luonteeseesi. Olet semmoinen eikä sille voi mitään. Jos näistä menneisyyden kahleista aiheutuu esim se että sorrumme arvostelemaan, tuomitsemaan jne toisia sekä kenties vielä alamme käyttää päihdyttäviä ja huumavia aineita kun koemme olevamme toivottomia tapauksia, niin valainnan vapaus on menetetty lopullisesti. Tieto tulee mukaan siinä vaiheessa kun käsitämme mistä kaikki johtuu ja kaikki on korjattavissa. Emme ole kohtalon jakamien korttien emmekä geenien vankeina.

Toinen mikä rajoittaa valinnan vapautta on stressi koska se kaventaa mielen näköalaa. Kun näköala kaventuu paljon mahdollisuuksia jää valintojemme ulkopuolelle. Jos menemme jossain suurkaupungissa huonomaineiselle alueella niin olemme varuillamme valmiina selviytymään ja säntäämään jonekkin jos kadunkulmissa seisovat roiston näköiset pitkään tuijottavat jengit tekevät jotain uhkaavaa. Tällöin tunnistamme ja tiedostamme sen jännityksen ja stressin mikä on päällä kun tiedämme olevamme tällaisessa paikassa ja se ei ole jatkuvaa. Mutta vastaavanlainen stressi voi olla jatkuvaa vaikka emme tiedosta sitä enää koska se on jatkuvaa ja joka päiväistä. Vaikutukset elimistöön ovat kuitenkin samat. Jokapäiväistä voivat olla vaikeudet työpaikalla, taloudelliset paineet, yleismaailmalliset huolet jne. Sitten tahallaan määrättyjen tahojen erilaisten pelkojen kylväminen median välityksellä ihmisten mieleen. Kaikki nämä kaventavat näkökenttää ja valinnan mahdollisuuksia.

Täällä tarkoituksella luodaan kiirettä ja stressiä ettei olisi aikaa ajatella mikä on kaiken tarkoituksena. Peruskoulusta lähtien ohjelmoidaan kouluttautumaan että saa työpaikan, perustaa perheen, auto-ja asuntolainan, maksaa verot ilomielin jne. Kaikki mitä ansaitset otetaan erinlaisina maksuina sinulta pois. Kehittyneissä maailmoissa kauhulla katsellaan touhua ja orjuuttamista täällä. Siellä asunto on itsestään selvyys mihin sisältyy energia, valaistus ja lämmitys ilmaisena käytettäväksi. Ajattelua ja parannuksia yhteisen elämän laadun lisäämiseksi kannustetaan sekä palkitaan.